系列教材

短视频运营实务

慕课版

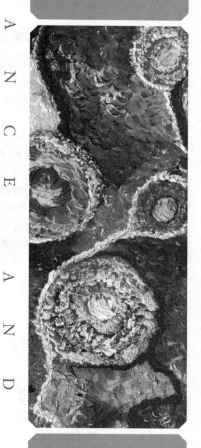

王进 王慧勤

主编

窦玮 李新林 许悦

副主编

人民邮电出版社

北京

图书在版编目（CIP）数据

短视频运营实务：慕课版 / 王进，王慧勤主编. --
北京：人民邮电出版社，2022.6
中等职业教育改革创新系列教材
ISBN 978-7-115-58987-3

Ⅰ. ①短… Ⅱ. ①王… ②王… Ⅲ. ①网络营销－中
等专业学校－教材 Ⅳ. ①F713.365.2

中国版本图书馆CIP数据核字(2022)第049835号

内 容 提 要

本书依据国务院印发的《国家职业教育改革实施方案》的要求，针对中等职业学校学生的培养目标，按照短视频运营岗位的工作内容，系统地介绍了短视频运营的知识，包括规划短视频运营的前期工作、定位短视频账号、策划短视频内容、拍摄手机短视频、剪辑短视频、发布和推广短视频。本书知识全面、结构清晰、实用性强，在讲解知识时以实际操作为主，充分满足中等职业教育教学需求。

本书为中高职一体化适用教材，不仅可以作为中等职业院校电子商务、网络营销、直播电商服务、市场营销等相关专业课程的教材，也可以作为学习短视频运营相关知识的人员的参考书。

◆ 主　　编　王　进　王慧勤
　　副主编　窦　玮　李新林　许　悦
　　责任编辑　白　雨
　　责任印制　王　郁　彭志环
◆ 人民邮电出版社出版发行　　北京市丰台区成寿寺路11号
　　邮编　100164　　电子邮件　315@ptpress.com.cn
　　网址　https://www.ptpress.com.cn
　　固安县铭成印刷有限公司印刷
◆ 开本：787×1092　1/16
　　印张：13.25　　　　　　　　2022年6月第1版
　　字数：216千字　　　　　　　2025年7月河北第8次印刷
定价：39.80 元
读者服务热线：(010)81055256　印装质量热线：(010)81055316
反盗版热线：(010)81055315

FOREWORD

////////////////// 前　言 //////////////////

职业教育是国民教育体系和人力资源开发的重要组成部分，肩负着培养多样化人才、传承技术技能、促进就业创业的重要职责。随着我国市场经济的迅速发展，国家对技能型人才的需求越来越大，推动着职业教育一步步改革。

本书立足职业教育教学需求，从岗位技能出发，采用项目任务式结构，以实操的方式介绍了短视频运营的相关操作技能。本书具有以下特点。

1. 采用项目任务式结构

本书采用项目任务式结构，符合职业教育对技能型人才的培养要求和国家对教材改革的要求。具体特征如下。

- **流程清晰**。本书以个人或团队开展短视频运营为例，一步步讲解短视频运营从策划、拍摄、剪辑到发布和推广的各项操作技能，流程清晰，帮助读者了解短视频运营的工作流程，给予读者职业方向上的引导。

- **任务明确**。本书每个项目设置了"职场情境""任务描述""任务实施"，结构清晰，形式丰富，有助于读者了解项目任务。

- **步骤连贯**。本书内容清晰、连贯，且配有图片和说明性图示，可以帮助读者清楚地了解任务完成过程中的每个步骤，并根据步骤完成任务。

- **重实操**。本书简化了理论知识，将重点放在实际操作上，以引导读者按照操作步骤进行实操。同时，书中添加了"动手做"小栏目有效提升读者自主学习的能力。

- **价值教育**。本书全面贯彻党的二十大精神，将二十大精神与实际工作结合起来立足岗位需求，以社会主义核心价值观为引领，传承中华优秀传统文化，注重立德树人，培养读者自信自强、守正创新、踔厉奋发、勇毅前行的精神，强化读者的社会责任意识和奉献意识，从而全面提高人才自主培养质量，着力造就拔尖创新人才。

2. 情境带入，生动有趣

本书以职场工作中的场景展开，以新员工刚进入公司实习的情境引入各项目教学主题，并贯穿项目实施的讲解，让读者了解相关知识点在实际工作中的应用情况。本书中设置的情境角色如下。

公司：北京特讯商务运营有限公司（以下简称"特讯运营"）成立于2021年，是一家以商务咨询、网店代运营、新媒体营销与运营等业务为主的运营公司，能够为中小企业提供一站式的信息咨询与运营管理服务。该公司根据服务业务的不同，划分出了市场部、企划部、营销部、运营部等部门。

人物：小艾——运营部新进人员；李洪亮——运营部经理，人称"老李"，小艾的直属上司及职场引路人。

3. 栏目丰富，融入价值教育

本书在栏目设计上注重培养读者的思考能力和动手能力，努力做到"学思用贯通"与"知信行统一"相融合。文中穿插的栏目如下。

- **知识窗**。重点讲解拓展知识，丰富读者所学内容。
- **经验之谈**。说明、补充和扩展书中知识，以拓展读者的知识面。
- **素养提升小课堂**。融入了文化传承、职业道德等元素，与素养目标相呼应，以加强对短视频运营人才素质的培养。
- **动手做**。加强和巩固读者所学知识，训练读者的自主学习能力和问题解答能力。

4. 配套丰富，资源同步

本书提供精美PPT课件、课程标准、电子教案、模拟题库等教学资源，读者可以登录人邮教育社区（www.ryjiaoyu.com）下载并获取相关教学资源。

本书配套精品慕课视频，读者可以扫描右侧二维码，登录人邮学院（www.rymooc.com）观看慕课视频。同时，本书还配有二维码，二维码内容既有知识扩展，又有短视频运营相关操作步骤的微课视频。读者可直接扫描书中二维码查看相关知识和微课视频。

本书由扬州旅游商贸学校王进、王慧勤担任主编，窦玮、李新林、许悦担任副主编，张宇、张芸、张蓓、乔敏、胡鹏参与编写。由于编者水平有限，书中难免存在不足之处，欢迎广大读者批评指正。

编　者
2023年6月

CONTENTS

目 录

项目一 规划短视频运营的前期工作

职场情境 ……………………………… 1

学习目标 ……………………………… 2

任务一 认识短视频 …………………… 2

　　任务描述 ………………………… 2

　　任务实施 ………………………… 2

　　活动一 什么是短视频 …………… 2

　　活动二 了解短视频的发展 ……… 4

任务二 选择短视频的类型 …………… 7

　　任务描述 ………………………… 7

　　任务实施 ………………………… 7

　　活动一 认识主流的短视频类型 … 7

　　活动二 分析并选择短视频类型 … 9

任务三 选定短视频运营的平台 ……… 10

　　任务描述 ………………………… 10

　　任务实施 ………………………… 11

　　活动一 认识主流短视频平台 …… 11

　　活动二 对比并选定短视频运营

　　　　　平台 …………………… 15

任务四 选择短视频运营的变现方式 … 16

　　任务描述 ………………………… 16

　　任务实施 ………………………… 16

　　活动一 了解短视频的变现方式 … 16

　　活动二 选择合适的变现方式 …… 20

同步实训 ……………………………… 22

　　实训一 模拟规划短视频前期工作 … 22

　　实训二 体验制作短视频 ………… 23

项目总结 ……………………………… 24

项目二 定位短视频账号

职场情境 ……………………………… 25

学习目标 ……………………………… 26

任务一 定位账号的用户、内容与

　　　　风格 ………………………… 26

　　任务描述 ………………………… 26

　　任务实施 ………………………… 26

　　活动一 明确账号的用户类型 …… 26

　　活动二 设定账号的内容领域 …… 30

　　活动三 选择账号的风格和形式 … 32

任务二 设置短视频账号主页 ………… 36

　　任务描述 ………………………… 36

　　任务实施 ………………………… 36

　　活动一 设置账号名称 …………… 36

活动二　设置账号头像 ┄┄┄┄┄ 37

活动三　撰写账号简介 ┄┄┄┄┄ 39

活动四　设置主页背景图 ┄┄┄┄ 42

任务三　搭建高效短视频运营团队 ┄┄ 46

任务描述 ┄┄┄┄┄┄┄┄┄┄ 46

任务实施 ┄┄┄┄┄┄┄┄┄┄ 46

活动一　分配团队工作 ┄┄┄┄┄ 46

活动二　运作短视频运营团队 ┄┄ 48

同步实训 ┄┄┄┄┄┄┄┄┄┄┄ 49

实训一　设置美妆短视频账号的

主页 ┄┄┄┄┄┄┄┄┄┄ 49

实训二　体验搭建短视频运营团队 ┄ 51

项目总结 ┄┄┄┄┄┄┄┄┄┄┄ 52

项目三　策划短视频内容

职场情境 ┄┄┄┄┄┄┄┄┄┄┄ 53

学习目标 ┄┄┄┄┄┄┄┄┄┄┄ 54

任务一　确定短视频选题 ┄┄┄┄ 54

任务描述 ┄┄┄┄┄┄┄┄┄┄ 54

任务实施 ┄┄┄┄┄┄┄┄┄┄ 54

活动一　建立短视频选题库 ┄┄┄ 54

活动二　设定短视频选题角度 ┄┄ 56

活动三　使用公式确定短视频选题 ┄ 57

任务二　设计优质的短视频内容 ┄┄ 59

任务描述 ┄┄┄┄┄┄┄┄┄┄ 59

任务实施 ┄┄┄┄┄┄┄┄┄┄ 59

活动一　设计短视频内容结构 ┄┄ 59

活动二　植入营销内容 ┄┄┄┄┄ 61

任务三　撰写短视频脚本 ┄┄┄┄ 62

任务描述 ┄┄┄┄┄┄┄┄┄┄ 62

任务实施 ┄┄┄┄┄┄┄┄┄┄ 62

活动一　做好撰写短视频脚本的

准备工作 ┄┄┄┄┄┄┄┄ 62

活动二　撰写提纲和分镜头脚本 ┄┄ 64

同步实训 ┄┄┄┄┄┄┄┄┄┄┄ 68

实训一　撰写美食短视频的提纲

脚本 ┄┄┄┄┄┄┄┄┄┄ 68

实训二　撰写搞笑短视频的分镜头

脚本 ┄┄┄┄┄┄┄┄┄┄ 69

项目总结 ┄┄┄┄┄┄┄┄┄┄┄ 71

项目四　拍摄手机短视频

职场情境 ┄┄┄┄┄┄┄┄┄┄┄ 72

学习目标 ┄┄┄┄┄┄┄┄┄┄┄ 73

任务一　做好拍摄的前期准备 ┄┄ 73

任务描述 ┄┄┄┄┄┄┄┄┄┄ 73

任务实施 ┄┄┄┄┄┄┄┄┄┄ 73

活动一　选择手机 ┄┄┄┄┄┄┄ 73

活动二　选择辅助设备 ┄┄┄┄┄ 77

活动三　设置场景 ┄┄┄┄┄┄┄ 81

任务二　使用手机拍摄短视频 ┄┄ 85

任务描述 ┄┄┄┄┄┄┄┄┄┄ 85

任务实施 ·················· 85
活动一 确定短视频拍摄的基本
要素 ·········· 85
活动二 设置拍摄短视频的手机
参数 ·········· 86
活动三 拍摄分镜头短视频 ··· 89

任务三 手机短视频拍摄实战 ···101
任务描述 ·················101
任务实施 ·················101
活动一 拍摄智能台灯使用介绍
短视频 ·········101
活动二 拍摄搞笑剧情类短视频 ···109

同步实训 ·················114
实训一 拍摄电商短视频
《长尾夹》 ·········114
实训二 拍摄剧情类短视频
《回家》 ·········116

项目总结 ·················119

项目五 剪辑短视频

职场情境 ·················120
学习目标 ·················121
任务一 使用Premiere剪辑短视频 ···121
任务描述 ·················121
任务实施 ·················121
活动一 准备视频素材文件 ·········121

活动二 认识操作界面并导入
素材 ·········124
活动三 裁剪和组合短视频 ···129
活动四 调色 ·········139
活动五 处理音频 ·········141
活动六 添加背景音乐和音效 ···142
活动七 设置转场 ·········145
活动八 添加字幕 ·········147
活动九 制作封面和片尾 ···152
活动十 审核和完善短视频 ···155

任务二 使用剪映App剪辑短视频 ···156
任务描述 ·················156
任务实施 ·················156
活动一 导入素材并设置画布 ···156
活动二 裁剪和组合短视频 ···159
活动三 调色 ·········164
活动四 设置音频 ·········165
活动五 添加视频素材 ·········167
活动六 添加字幕 ·········168
活动七 制作封面和片尾 ···173
活动八 审核短视频 ·········175

同步实训 ·················175
实训一 剪辑搞笑短视频《小猫
帮忙》 ·········175
实训二 剪辑电商短视频
《吹风机》 ·········177

项目总结 ·················179

项目六　　发布和推广短视频

职场情境 …………………………… 180

学习目标 …………………………… 181

任务一　优化短视频的标题及文案 …… 181

　　任务描述 ……………………… 181

　　任务实施 ……………………… 181

　　活动一　撰写有吸引力的标题 …… 181

　　活动二　创作触动心灵的文案 …… 184

任务二　发布短视频 ……………… 187

　　任务描述 ……………………… 187

　　任务实施 ……………………… 187

　　活动一　选择发布时间 ………… 187

　　活动二　添加话题标签 ………… 188

　　活动三　添加地理位置 ………… 191

　　活动四　添加@朋友 …………… 192

　　活动五　正式发布 ……………… 193

任务三　推广短视频 ……………… 195

　　任务描述 ……………………… 195

　　任务实施 ……………………… 195

　　活动一　利用短视频平台的免费
　　　　　　渠道推广 ……………… 195

　　活动二　利用短视频平台的付费
　　　　　　渠道推广 ……………… 197

　　活动三　利用微信朋友圈推广 …… 198

　　活动四　利用微博推广 ………… 199

同步实训 …………………………… 200

　　实训一　将Premiere制作的短视频
　　　　　　发布到抖音App中 ……… 200

　　实训二　利用新媒体平台推广
　　　　　　短视频 ……………… 202

项目总结 …………………………… 203

项目一

规划短视频运营的前期工作

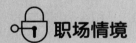 **职场情境**

　　小艾是一名新媒体专业的应届毕业生，通过应聘成功进入特讯运营公司实习。该公司运营部经理李洪亮（人称"老李"）刚好接到为某宠物用品店运营短视频的业务，作为小艾的直属上司，老李向小艾分配了这项工作。在正式开始运营前，老李让小艾先熟悉短视频运营的工作流程。由于刚进公司，小艾需要学习和了解短视频运营的相关知识，做好运营的前期准备。

学习目标

知识目标

1．了解短视频的概念。

2．熟悉短视频的类型和发展情况。

3．认识短视频运营的主流平台。

4．了解短视频运营的变现方式。

技能目标

1．能够为不同的短视频账号选择短视频类型。

2．能够根据客户需求选择不同的变现方式。

素养目标

1．不断提升个人的创造力与创新能力。

2．按照法律法规，不断推出大众喜闻乐见、蕴含中华民族优秀文化和时代精神的短视频。

任务一 认识短视频

任务描述

小艾对短视频的认识仅限于每天在抖音App上看到的视频，于是老李建议小艾先在网上搜索和了解短视频的相关知识，然后根据这些知识和公司现有的资料来加深对短视频的认识。

任务实施

活动一 什么是短视频

2022年2月，中国互联网络信息中心（China Internet Network Information Center，CNNIC）发布的第49次《中国互联网络发展状况统计报告》中指出：截至2021年12月，我国网络视频（含短视频）用户规模达9.75亿人，占网民整体的94.5%；短视频用户规模达9.34亿人，占网民整体的90.5%。从这些数据中，小艾了解到我国短视频用户的规模非常庞大。紧接着，老李又从短视频的概念、特点和营销优势3个方面为小艾做了进一步的介绍，并总结归纳了短视频概念。

第一步 **了解短视频的概念**

被学界和行业所接受，并被广泛应用于短视频研究分析报告中的短视频的定义为：短视频是播放时长在5分钟以下的，基于个人计算机（Personal Computer，PC）端和移动端进行传播的视频内容形式。

> ✏️ **经验之谈**
>
> 　　内容是短视频的核心，泛指人类社会传播的一切信息。短视频领域中的内容主要是指通过互联网传递的信息，其表现形式主要包括文字、图片、音频和视频。

第二步 **认识短视频的特点**

老李告诉小艾，短视频具备短、低、快、强4个特点，如图1-1所示。正是因为这些特点，所以短视频获得了用户的青睐。

第三步 **分析短视频的营销优势**

小艾借助网络上的资料和老李介绍的内容，以表格的形式分析归纳了短视频在营销方面的优势，如表1-1所示。

图1-1　短视频的特点

表1-1　短视频的营销优势

优势体现	优势总结
用户可以利用手机等移动设备在一些零碎、分散的时间观看短视频，如上下班途中、排队等候的间隙等	满足用户对内容信息的碎片化需求
短视频时长较短，且传递的内容简单直观，用户不需要花太多时间思考便能理解其含义	
创作者能够通过互动获取用户对短视频内容的反馈，能够更有针对性地提升短视频的质量	具备很强的互动性
用户可以自由发表自己的意见和见解	

续表

优势体现	优势总结
用户对短视频进行点赞、评论、收藏、转发等操作都具备社交功能，且很多社交平台也提供了短视频服务	具备强大的社交属性
短视频和电商行业的用户人群年龄分布十分相似，这种相似性能够促进用户购买短视频中推广的商品	具备强大的营销能力
短视频的表现形式直观、立体，加之内容表现方式多样化，有助于通过多种方式进行商品或品牌的营销，且不让用户感到反感	

第四步 **总结归纳"什么是短视频"**

短视频即为借助传统互联网及移动互联网进行传播的音视频内容，其时长一般不超过5分钟，既可单独成片，也可制作成系列作品，多在专业的短视频平台或者社交媒体平台中发布，供用户利用碎片化时间观看。

> **动手做**
>
> ### 通过网络了解什么是短视频
>
> 在百度百科中搜索"短视频"，并将短视频的定义填写在下面的空白处。
>
> 短视频是指＿＿＿＿＿＿＿＿＿＿＿＿＿＿＿＿＿＿＿＿＿＿＿＿
>
> ＿＿＿＿＿＿＿＿＿＿＿＿＿＿＿＿＿＿＿＿＿＿＿＿＿＿＿＿。

活动二 了解短视频的发展

老李告诉小艾，短视频的发展经历了一段比较长的时间，既然要学习短视频运营，就需要了解短视频的发展历程。小艾通过上网搜索了解到，短视频的发展一般被划分为萌芽、探索、爆发和成熟4个阶段。

第一步 **了解短视频的萌芽阶段**

短视频的萌芽阶段通常被认为在2013年以前，特别是2011—2012年，这一时期的代表性事件就是GIF快手（快手的前身）的诞生。图1-2所示为快手App的相关界面。在这个阶段，短视频的用户群体较小，用户喜欢的内容一般是对影视剧进行的二次加工与再创作，或者是从影视综艺类节目中截取的精彩片段。在短视频的萌芽阶段，人们开始意识到网络的分享特质以及短视频制作的门槛并不高，这为日后短视频的发展奠定了基础。

图1-2 快手App的相关界面

第二步 **了解短视频的探索阶段**

短视频的探索阶段是2013—2015年，以美拍、腾讯微视、秒拍和小咖秀为代表的短视频平台逐渐进入公众的视野，被广大网络用户接受。图1-3所示为腾讯微视App的相关界面。

图1-3 腾讯微视App的相关界面

在该阶段，4G逐步商用，一大批专业影视制作者加入短视频创作者的行列。短视频在技术、硬件和创作者的支持下，已经被广大网络用户所熟悉，并表现出非常强的社交属性，部分优秀的短视频作品甚至提高了短视频在互联网内容传播领域中的地位。

第三步 了解短视频的爆发阶段

短视频的爆发阶段是2016—2017年。2016年以抖音、西瓜视频和火山小视频为代表的短视频平台陆续出现，短视频平台投入大量的资金补贴内容创作，从源头上激发创作者的创作热情，广大网络用户也纷纷加入创作短视频的行列，短视频平台和创作者的数量都在快速增长。

2017年，短视频行业开始呈现出百花齐放的态势，以阿里巴巴网络技术有限公司（以下简称"阿里巴巴"）和深圳市腾讯计算机系统有限公司（以下简称"腾讯"）为首的众多互联网公司加速布局短视频领域，大量资金不断涌入短视频行业，为短视频的发展奠定了坚实的经济基础，短视频平台的用户量继续急速攀升。

第四步 了解短视频的成熟阶段

短视频的成熟阶段是2018年至今。该阶段的短视频出现了搞笑、舞蹈、宠物、美食、美妆等内容垂直细分领域。另外，短视频行业发展也呈现"两超多强"（抖音、快手两大短视频平台占据大部分市场份额，其他多个短视频平台占据少量市场份额）的态势。图1-4所示为抖音App的相关界面。

图1-4　抖音App的相关界面

另外，各大短视频平台也在积极探索短视频的商业盈利模式，并开发出多种短视频变现方式。这一阶段，在各种政策和法规的规范下，短视频行业开始步入正规化的发展道路。

✏️ **经验之谈**

越来越多的商家和企业看到了短视频带来的巨大商机，纷纷拍摄和制作短视频进行营销和推广，并取得了可观的经济效益。与此同时，大量社会名人也开始创建短视频账号并发布短视频，使得短视频的营销价值进一步增长。

📺 **素养提升小课堂**

短视频平台应当主动承担社会责任，通过优化内容推送体系和优秀内容的激励机制，不断提升平台中短视频的质量。短视频创作者则需要按照法律法规规范创作，不断推出大众喜闻乐见、蕴含中华民族优秀文化和时代精神的优质短视频。

任务二 选择短视频的类型

👤 **任务描述**

在运营前期，小艾需要通过了解不同类型短视频的内容和运营目标，并根据客户的要求，为其短视频账号选择一种合适的类型。

👤 **任务实施**

👤 **活动一 认识主流的短视频类型**

各大短视频平台通常不会直接展示短视频的分类，并且为了获得较好的数据，短视频的创作者一般会根据短视频平台中的高活跃用户群体喜欢的内容来创作短视频，因此，小艾准备先查看短视频平台中的高活跃用户群体。以抖音为例，小艾从网上搜索到了《2019年抖音高活跃群体研究报告》，她发现抖音的高活跃用户群体具备图1-5所示的特征。

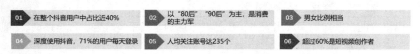

| 01 在整个抖音用户中占比近40% | 02 以"80后""90后"为主，是消费的主力军 | 03 男女比例相当 |
| 04 深度使用抖音，71%的用户每天登录 | 05 人均关注账号达235个 | 06 超过60%是短视频创作者 |

图1-5 抖音中的高活跃用户群体的特征

小艾在《2019年抖音高活跃群体研究报告》找到了高活跃用户群体的内容

兴趣目标群体指数（Target Group Index，TGI），如图1-6所示。该指数数值大于100，代表着某类用户更具有相应的倾向或者偏好，由此可以看出高活跃用户群体感兴趣的短视频类型排行。

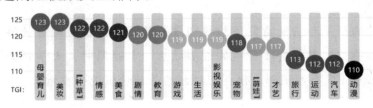

图1-6　高活跃群体的内容兴趣TGI

 知识窗

抖音中的主流短视频类型如表1-2所示。

表1-2　抖音中的主流短视频类型

类型	主要内容
母婴育儿	以育婴的相关知识技巧应用为主，包括母婴拍摄、婴儿用品推荐、育儿知识教授等
美妆	以展示化妆品和穿衣打扮等为主，包括推荐各种美妆和服装商品，并指导用户化妆、护肤和穿衣搭配
"种草"	以商品的分享和推荐为主，主要向用户推荐各种商品，激发用户的购买欲望
情感	以文字和语音来展现的情感短文，或是真人出演的情感短剧，或是以声音来呈现的情感短视频
美食	以美食制作、美食展示和试吃为主，其细分类型包括菜谱、美食制作、烹饪技巧、小吃、水果、甜品、西餐和海鲜等
剧情	以短剧、表演或访谈为主，通过表演来吸引用户关注，其细分类型包括故事、搞笑等
教育	以各种知识的教授为主，包括科学知识教育、艺术培训、语言和专业技术教育等
生活	以展示人们的日常生活为主，包括生活探店、生活小技巧、民间活动等
影视娱乐	以介绍电影电视为主，主要通过视频剪辑展示各种影视剧和综艺节目等
宠物	以宠物为主，包括宠物的日常、习性介绍和人宠互动，以及饲养技巧等
"萌娃"	以展示天真可爱的小孩为主，包括小孩的日常生活趣事、与父母的日常互动等
才艺	以音乐或舞蹈等才艺展示为主，包括音乐表演、音乐制作、舞蹈和舞蹈教学等
旅行	以旅行见闻和攻略为主，包括风景和人文建筑介绍，以及旅行中的故事、旅游注意事项等
运动	以体育竞技、休闲健身和健康知识为主，包括各种竞技运动、体育名人的工作和生活、健康知识普及、健康锻炼等
汽车	以汽车的相关知识和应用为主，包括汽车选购、二手车选购、汽车评测、维修改装和外观展示等
动漫	以动画和漫画为主，包括动漫介绍、动漫故事等

 知识窗

👤 活动二   分析并选择短视频类型

了解了主流短视频的类型后，老李要求小艾尽可能多地观看各种类型的短视频，然后从中选择一种作为客户的短视频账号类型。

第一步   观看不同类型的短视频

小艾打开了抖音App，然后根据客户的商品类型搜索短视频，为确定账号类型收集素材做准备，具体步骤如下。

步骤1：打开抖音App，点击右上角的"搜索"按钮。

步骤2：进入搜索界面，在文本框中输入"猫粮"，点击"搜索"按钮。

步骤3：在搜索结果界面中向下滑动查看与猫粮相关的短视频，点击感兴趣的短视频作品进行播放，如图1-7所示。

图1-7   搜索和查看短视频

✏️ **经验之谈**

在抖音App的搜索结果界面中，点击短视频作品对应的账号名称，可以进入该账号的主页，在其中可以查看该账号的所有短视频作品。

第二步   分析并确定短视频类型

小艾查看了很多与猫粮、猫砂和猫相关的短视频，发现了很多与客户经营范围相关的短视频类型。于是，她以表格的形式分析了适合客户的短视频类型，如表1-3所示。结合具体情况后，小艾认为宠物短视频的粉丝数量较多，用户感兴趣程度也较高，因此，最终决定将宠物短视频作为运营的主要类型。

表1-3　适合客户的短视频类型

类型	与客户经营范围相关的内容	能否作为运营类型
母婴育儿	育儿期间与宠物互动的内容	能，但内容很少
美妆	基本以人类为主，不涉及宠物	不能
"种草"	宠物用品测评和试用的内容	能
情感	以宠物为主体，搭配文字和音乐	能，但内容很少
美食	不涉及宠物	不能
剧情	宠物拟人化系列短剧	能
教育	基本以人类行为为主，不涉及宠物	不能
游戏	基本以人类行为为主，不涉及宠物	不能
生活	基本以人类行为为主，不涉及宠物	不能
影视娱乐	以动物为主的影视作品	能
宠物	与客户的经营范围直接相关	能
"萌娃"	"萌娃"与宠物的日常	能
才艺	宠物才艺	能
旅行	基本以人类行为为主，宠物多为配角	不能
运动	宠物运动相关的短视频，但用户关注度较低	不能
汽车	以人类行为为主，不涉及宠物	不能

📦 动手做

查看短视频的主流类型

在浏览器中打开飞瓜数据抖音版，单击界面上方的"抖音榜单"选项卡，在打开界面的"所属行业"栏中查看短视频有哪些主流类型。然后，用同样的方法打开飞瓜数据快手版，单击界面上方的"快手榜单"选项卡，在打开界面的"所属行业"栏中查看短视频有哪些主流类型。

任务三　选定短视频运营的平台

👤 任务描述

小艾初次进入短视频运营领域，对运营平台的了解还不充分，因此向老李求教。老李告诉小艾，不同的短视频平台有不同的特点，在选定运营平台前，应先认识和分析目前主流短视频平台的用户特征和优缺点，然后根据客户的需求选择合适的平台。

任务实施

活动一　认识主流短视频平台

老李向小艾推荐了抖音、快手、微信视频号和哔哩哔哩4个平台，小艾决定先在网上搜索了解这4个平台，然后从用户的属性和平台的优势两个方面进行分析和对比，初步认识这些主流的短视频平台。

第一步　认识抖音

抖音最初是一款音乐创意短视频社交软件，经过多年的发展，目前已经成为短视频领域的超级平台，也是短视频运营的首选平台之一。分析抖音可以从归纳用户属性和了解平台优势两个方面入手，具体步骤如下。

步骤1：归纳用户属性。

小艾查看了《抖音用户画像2021》，并根据性别、年龄及城市和学历等维度体现出来的特点，归纳了抖音的用户属性，如图1-8所示。

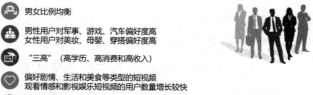

男女比例均衡

男性用户对军事、游戏、汽车偏好度高
女性用户对美妆、母婴、穿搭偏好度高

"三高"（高学历、高消费和高收入）

偏好剧情、生活和美食等类型的短视频
观看情感和影视娱乐短视频的用户数量增长较快

用户在8点—22点活跃度更高，周末在9点—17点更活跃，工作日在19点—23点更活跃

图1-8　抖音的用户属性

步骤2：了解平台优势。

抖音的定位是面向全年龄段用户的短视频社区平台。小艾结合《2021抖音平台数据报告》对抖音的平台优势进行了归纳，主要表现为用户群体量大、营销效果好、用户转化率高和推送精准等，如图1-9所示，非常适合短视频新手入驻。

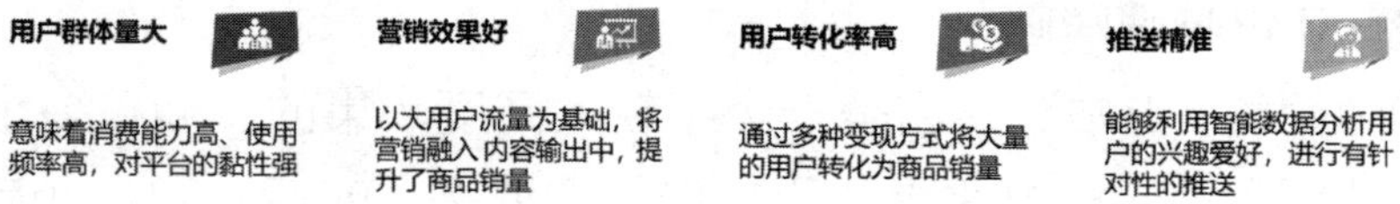

用户群体量大	营销效果好	用户转化率高	推送精准
意味着消费能力高、使用频率高，对平台的黏性强	以大用户流量为基础，将营销融入内容输出中，提升了商品销量	通过多种变现方式将大量的用户转化为商品销量	能够利用智能数据分析用户的兴趣爱好，进行有针对性的推送

图1-9　抖音的平台优势

第二步 认识快手

快手是目前短视频行业的领头羊之一，对短视频创作者的支持力度相对较大。小艾对快手的分析步骤如下。

步骤1：归纳用户属性。

小艾收集到的互联网数据统计显示，快手的月活跃人数超过了4亿人，其活跃用户多热衷分享生活，社交互动性强。快手的短视频创作者以二、三线城市用户居多。用户观看量较大的短视频类型为剧情、情感、美妆、服饰、游戏、幽默搞笑等，粉丝的忠诚度高。由此小艾归纳出了快手的用户属性，如图1-10所示。

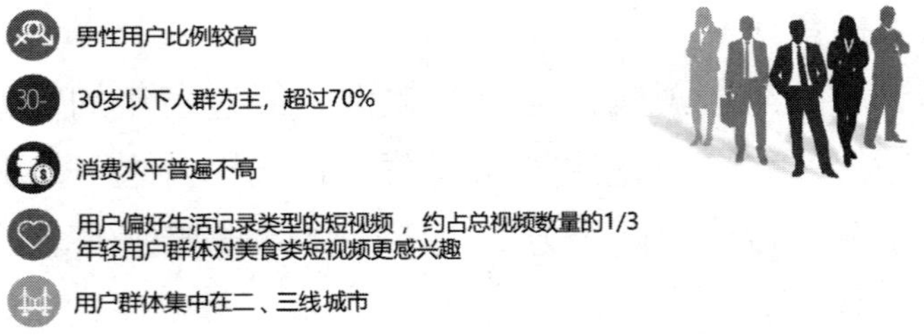

男性用户比例较高

30岁以下人群为主，超过70%

消费水平普遍不高

用户偏好生活记录类型的短视频，约占总视频数量的1/3
年轻用户群体对美食类短视频更感兴趣

用户群体集中在二、三线城市

图1-10　快手的用户属性

步骤2：了解平台优势。

小艾查看了《2021快手用户及营销报告》，报告指出，快手的用户群体对移动互联网有更多的探知欲和接受度，所以快手将更多的流量分配给普通用户，鼓励用户创作内容，对短视频内容运营的支持力度也相对较高。这使得快手具备信任感高，带货能力强；新手好感度高；卖货简单三大优势，如图1-11所示。

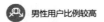

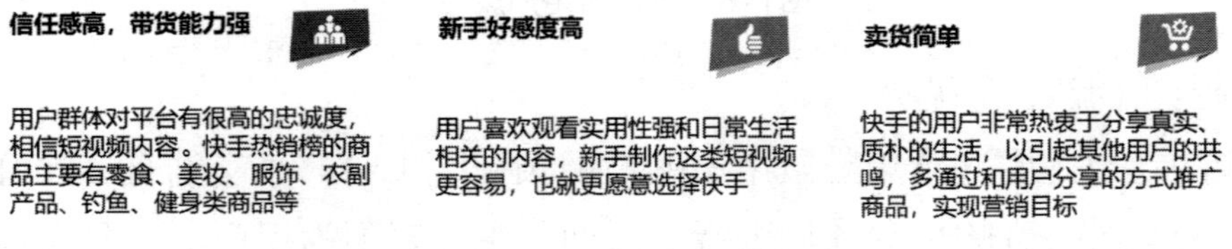

信任感高，带货能力强

用户群体对平台有很高的忠诚度，相信短视频内容。快手热销榜的商品主要有零食、美妆、服饰、农副产品、钓鱼、健身类商品等

新手好感度高

用户喜欢观看实用性强和日常生活相关的内容，新手制作这类短视频更容易，也就更愿意选择快手

卖货简单

快手的用户非常热衷于分享真实、质朴的生活，以引起其他用户的共鸣，多通过和用户分享的方式推广商品，实现营销目标

图1-11　快手的平台优势

第三步 认识哔哩哔哩

哔哩哔哩简称"B站"，它是一个年轻人高度聚集的、涵盖多个兴趣圈层的多元文化社区和视频分享平台，用户群体主要是"90后"和"00后"，用户的黏性和信任度很高。小艾对哔哩哔哩的分析步骤如下。

步骤1：归纳用户属性。

哔哩哔哩2021年一季度数据统计显示，其视频日均播放量超过7.3亿次，月均用户互动量达25亿次，正式会员的1年留存率超过80%。哔哩哔哩的核心用户是年轻用户群体，由于年轻人较多，身份多样、兴趣广泛，具有明显的自助式学习属性和强大的短视频创作能力。由此可以归纳出哔哩哔哩的用户属性，如图1-12所示。

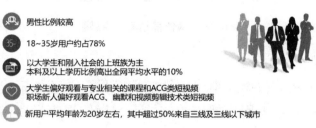

图1-12　哔哩哔哩的用户属性

步骤2：了解平台优势。

小艾查看了《2021哔哩哔哩产品分析报告》，报告指出，哔哩哔哩拥有许多独家的正版视频资源，还有很多创作者生产的各种高质量的多元化流行视频，大大地提高了用户黏性。目前，哔哩哔哩已经成长为我国用户规模较大、内容和资料较丰富的主流学习平台之一。这也使得哔哩哔哩具备观看体验好、学习属性强、广告少、收入方式多等优势，如图1-13所示。

图1-13　哔哩哔哩的平台优势

第四步　认识微信视频号

微信视频号是2020年1月22日腾讯正式宣布开启内测的短视频平台，用户可以直接通过微信App发布长度不超过1分钟的短视频，还能带上文字和微信公众号文章链接。小艾对微信视频号的分析步骤如下。

步骤1：归纳用户属性。

2021年，微信视频号团队分享了一组关于微信视频号的数据，其中，微信视频号的创作者通常在周日发布短视频，"85后"女性用户把微信视频号当成"公开的朋友圈"，热衷通过微信视频号记录、分享生活的点滴。另外，吃喝玩乐方面的短视频是微信视频号中占比最高的类型，广州是发布短视频内容最活跃的城市。由此可以归纳出微信视频号的用户属性，如图1-14所示。

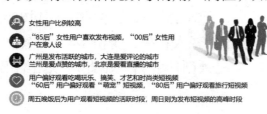

图1-14　微信视频号用户属性

步骤2：了解平台优势。

微信视频号团队的数据还指出，微信视频号目前还处于成长阶段。未来，在微信本身所拥有的巨大用户规模的支持下，微信视频号要借助社交推荐的基础，开创新型推荐模式，并与微信小程序和支付功能建立链接，形成一个完整的商业生态体系。这也使得微信视频号具备用户规模大、资源配置丰富、引流方便和自带社交属性等优势，如图1-15所示。

图1-15　微信视频号的平台优势

💡 **知识窗**

　　根据企业的组织隶属关系，短视频平台可划分为四大阵营，分别是头条系（北京字节跳动网络技术有限公司主导）、快手系（北京快手科技有限公司主导）、腾讯系（深圳市腾讯计算机系统有限公司主导）和百度系[百度在线网络技术（北京）有限公司主导]，如图1-16所示。另外，如美拍、秒拍和梨视频等的短视频平台也非常受用户欢迎。

图1-16　按企业的组织隶属关系划分的短视频平台

👤 活动二　对比并选定短视频运营平台

在认识了主流的短视频平台后，小艾需要根据客户的要求，从众多短视频平台中选定一个作为主要的运营平台，为后续的运营工作做好准备。

第一步　对比分析短视频运营平台

在小艾看来，对比分析短视频运营平台可以从平台定位、人群分析、交互方式、平台算法和内容选择等方面考虑，如表1-4所示。

表1-4　短视频运营平台对比

对比方面	平台特点		客户要求	选定平台
平台定位	抖音：短视频带货为主，直播为辅		通过短视频带货，引流到网店，销售宠物用品	抖音或快手
	快手：短视频作为入口，吸引用户观看直播			
	哔哩哔哩：学习和分享为主，变现能力很低			
	微信视频号：社交分享为主，变现能力较低			
人群分析	抖音：男女比例均衡，收入较高		女性为主，有一定的购买力	抖音或微信视频号
	快手：男性较多，年轻人更多			
	哔哩哔哩：男性较多，年轻人为主			
	微信视频号：女性较多，购买力较强			
交互方式	抖音：社交属性不强		引流为主，社交为辅	快手或微信视频号
	快手：社交属性强于抖音，且更加平民化			
	哔哩哔哩：通过弹幕实现社交，商业性不强			
	微信视频号：社交属性强，但范围不够大			
平台算法	抖音：偏重于粉丝数量多的账号		引流建立一定数量的粉丝群体	抖音或快手
	快手：对新手账号更友好			
	哔哩哔哩：公平对待各种账号			
	微信视频号：偏重于点赞多的账号			
内容选择	抖音：类型众多，宠物属于主流类型		宠物短视频	抖音或微信视频号
	快手：类型众多			
	哔哩哔哩：ACG、课程和技术类短视频为主			
	微信视频号："60后"用户偏好观看"萌宠"短视频			

第二步 选定短视频运营平台

综上，由于抖音的用户规模更大，用户人群也更契合客户的销售对象定位，并且客户的经营方向——宠物用品，属于抖音的主流短视频类型，更容易通过短视频进行引流。所以，小艾将抖音选定为客户短视频账号的主要运营平台，把快手和微信视频号作为后续运营的辅助平台。

> **动手做**
>
> ### 安装并试用短视频平台
>
> 在手机中打开"App Store"或"应用商店"，搜索并下载安装抖音火山版、腾讯微视和度小视，使用这些短视频平台查看短视频，看看与抖音有什么不同。

任务四 选择短视频运营的变现方式

任务描述

老李告诉小艾，短视频创作者通常会在积累足够粉丝数量的时候考虑变现，而作为短视频运营者，则可以在规划短视频运营的前期工作中就选择变现方式，并以此为基础，设计短视频的策划、拍摄、剪辑和发布等环节。小艾接下来的工作就是了解短视频的常用变现方式，并根据客户需要选择适合的变现方式。

任务实施

活动一 了解短视频的变现方式

变现是指通过短视频实现收益，是短视频运营中非常重要的环节。宠物用品店委托"特讯运营"运营短视频账号的最终目的也是变现。经过调查，小艾发现短视频的变现方式主要有广告植入、内容付费、电商变现和直播变现。

第一步 了解广告植入

广告植入是指把商品或服务的代表性标记融入短视频中，给用户留下深刻的印象，从而达到营销的目的。植入广告的短视频可以从品牌商处获得一定的经济回报。广告植入如今已成为很多短视频账号的主要变现方式。老李告诉小艾，短视频中具备变现功能的广告主要有以下3种类型。

- **植入广告。** 植入广告指将广告信息与短视频内容相结合，是短视频中非常常见的广告植入形式。植入广告主要通过在短视频内容中展示品牌、植入剧情或者口播广告来满足品牌商家的诉求，而不会影响短视频内容情节的自然发展。图1-17所示为情感类短视频中的购物App植入广告。

- **开屏广告。** 开屏广告通常指打开短视频App所显示的广告。有的广告展示后可能会跳转到商品或品牌的广告短视频界面，如图1-18所示。

图1-17　植入广告　　　　　　　图1-18　开屏广告

- **信息流广告。** 信息流广告指将广告视频和短视频平台推荐的短视频混合在一起，当用户浏览推荐的短视频时，可能会看到此类广告。

动手做

了解短视频中的广告植入

请同学们分别在抖音、快手和哔哩哔哩中浏览短视频，并找到有植入广告、开屏广告和信息流广告的短视频，看看哪种广告类型较多。

知识窗

作为短视频账号的运营者，小艾很想知道如何与商家或品牌达成广告合作意向，老李给出了4种短视频广告的来源方式。

- **商家或品牌主动联系。** 当某个短视频账号的粉丝达到一定数量后，就会有不少商家或品牌主动寻求合作。
- **在信息平台发布合作信息。** 这种信息平台是专门用于发布广告承接业务的平台，短视频创作者或账号运营者可以将短视频账号的相关信息发布到平台中，商家或品牌则根据实际需要查找符合条件的账号进行合作。

- **短视频平台的广告接单服务。** 很多短视频平台推出了官方广告接单服务，利用活动或接单平台为短视频创作者或账号运营者选择商家或品牌进行广告合作，如抖音的"巨量星图"平台、快手的"快接单"平台等。

- **同行推荐。** 短视频账号的类型不同，其广告的商品类型也就存在一定的限制。例如，宠物短视频账号更适合承接宠物用品的广告，如果有美食商家寻求合作，就可以向其推荐用户群体更匹配的美食短视频账号。

第二步 了解内容付费

内容付费就是把短视频或相关内容作为商品或服务，让用户通过支付费用的方式观看，从而实现短视频的商业价值。老李告诉小艾，内容付费的变现方式可以细分为网络课程变现和一对一咨询变现两种。

- **网络课程变现。** 短视频账号通过拍摄帮助用户提升专业知识水平或技能的短视频，吸引用户关注，并提供专业性强的知识或技能网络课程由用户付费观看。这类网络课程具有稀缺性、专业性和系统化的特点，内容领域包括商业、编程、金融、法律等。例如，在抖音中，用户通过短视频账号的店铺付费购买网络课程，该账号就实现了网络课程变现。图1-19所示为短视频账号店铺中的网络付费课程。

- **一对一咨询变现。** 这是一种比较高效的变现方式。用户在观看短视频后，若有咨询要求，短视频账号会在用户付费后分派指定的咨询师为其提供方案或解决问题。热门咨询内容包括心理、健康、情感、学业和职业等。图1-20所示为抖音中某心理咨询师的账号。该账号主要发布介绍和分析心理问题的短视频，用户可以通过添加微信的方式进行更详细的咨询。

第三步 了解电商变现

电商变现主要是指通过短视频将用户引流到账号自营网店或者第三方网店，吸引用户购买商品实现盈利。小艾为客户选择了抖音作为运营平台，那么，就需要了解抖音中的抖音小店变现和第三方自营店铺变现。

图1-19　抖音中的网络付费课程　　　图1-20　某心理咨询师的短视频账号

- **抖音小店变现。** 抖音小店是抖音的商品销售平台，短视频创作者或运营者在开通小店后，可以直接将商品链接添加到短视频界面中，如图1-21所示，用户直接点击商品链接就可以购买商品。另外，用户也可以直接在短视频账号的主页中点击"进入橱窗"按钮，进入小店橱窗购买商品，如图1-22所示。

图1-21　短视频中的商品链接　　　　图1-22　进入抖音小店

- **第三方自营店铺变现。** 这种变现需要将观看短视频的用户引流到淘宝或京东等第三方电商平台的自营店铺中，用户下单购买商品后即实现变现。

第四步　了解直播变现

直播是短视频平台的主要功能之一，在短视频变现的范围内，直播通常是指由短视频达人或名人等作为主播，向用户实时展示主播相关行为的视频形式。直播变现通常需要短视频账号具备一定的粉丝数量，所以，小艾需要先了解直播变现，为以后开展直播做好准备。目前，直播变现的方式主要有打赏和带货两种。

- **打赏**。打赏是指用户对喜爱的直播内容通过赏金的方式进行资金支持，赏金以虚拟礼物的形式赠送给短视频账号，如图1-23所示。用户通过充值形式购买虚拟礼物，短视频账号则将用户打赏的虚拟礼物交由短视频平台折现，获得的赏金通常由短视频平台和账号按比例分成。

- **带货**。带货就是以直播的形式，通过主播介绍或试用，向用户展示商品，凭借主播在用户群体中的超高人气和信誉，促成交易，实现变现，如图1-24所示。

图1-23　直播打赏

图1-24　直播带货

👤 活动二　选择合适的变现方式

小艾的客户是一家宠物用品店，委托运营短视频账号的目的是引流到网店中销售宠物用品。因此，小艾把变现的重点集中到了销售商品上，以此为基础，确定了短视频账号的变现方式。

第一步 对比并选择变现方式

小艾以客户自身条件和运营需求为前提设计了一个表格，对比了几种变现方式，如表1-5所示，初步确定以抖音小店变现为主，植入广告和第三方自营店铺变现为辅的变现计划。

表1-5 变现方式对比

变现方式	细分类型	是否符合客户需求	变现选择
内容付费	网络课程变现	不符合，宠物喂养知识不具备稀缺性	无
	一对一咨询变现	不符合，咨询的渠道很多，不易收取费用	
广告植入	植入广告	基本符合，在短视频内容中进行品牌展示、剧情植入或口播来推广宠物用品和品牌	植入广告
	开屏广告	不符合，广告费用太高	
	信息流广告		
电商变现	抖音小店变现	符合，可以在抖音小店中直接销售宠物用品，实现变现	抖音小店变现
	第三方自营店铺变现	基本符合，但用户需跳转至第三方电商平台，操作比在抖音小店中直接购买商品复杂，可能会放弃	
直播变现	打赏	较不符合，没有用户基础，只能靠宠物吸引用户打赏	打赏变现
	带货	不符合，没有用户基础，带货效果可能不好	

第二步 开通抖音小店

微课视频

开通抖音小店

小艾开始开通抖音小店，具体操作如下。

步骤1：打开抖音App，点击界面右下角的"我"选项卡，进入短视频账号主页，点击右上角的"功能"按钮，在打开的菜单中选择"创作者服务中心"选项。

步骤2：进入创作者服务中心界面，点击"商品橱窗"按钮，进入"商品橱窗"界面，在"常用服务"栏中点击"开通小店"按钮。步骤1和步骤2操作如图1-25所示。

图1-25 开通抖音小店

步骤3：进入小店开通界面，点击"立即入驻"按钮，进入"小店简介"界面，点击选中"我已经阅读并同意上述授权及《账号绑定服务协议》"单选项，然后点击"立即开通"按钮，如图1-26所示。

步骤4：进入"选择认证类型"界面，在对应账号类型栏中点击"立即认证"按钮，如图1-27所示。

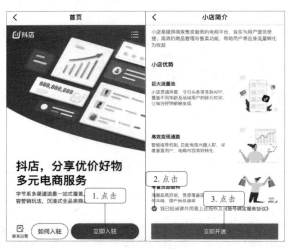

图1-26　立即入驻　　　　　　　　图1-27　资质认证

步骤5：在打开的界面中按照系统提示进行认证操作，在输入并上传完营业执照、经营者/法定代表人信息、银行账户信息和店铺Logo等认证材料后，缴纳店铺保证金，完成抖音小店的开通操作。

✎ **经验之谈**

　　抖音对开通小店需要的认证材料和保证金都有明确的标准，在抖音小店的开通界面中点击"如何入驻"按钮，然后设置开店主体、店铺类型和经营类目，即可查询入驻所需材料和费用的详细说明。

同步实训

👤 实训一　模拟规划短视频前期工作

📋 实训描述

　　妮妮是某大学服装设计专业的学生，她想在自己的短视频账号中介绍穿搭，并以此收获粉丝。本次实训要求同学们为妮妮选择短视频的类型和平台。

操作指南

请按照以下的步骤进行实训。

步骤1：选择短视频类型。妮妮是服装设计专业的学生，在服装搭配上有专业性的知识，可以考虑剧情、穿搭、"种草"等短视频类型，将所选类型在主要特点、是否符合妮妮的需求等方面进行对比，确定一种短视频类型。

步骤2：选择短视频平台。快手、哔哩哔哩、微信视频号、小红书都能作为备选平台，可以从平台定位、人群分析、交互方式、平台算法和内容选择等方面去考虑，并根据妮妮的要求选择一个平台作为最终的运营平台。

实训评价

完成实训操作后，提交实训报告。老师根据实训报告内容，按表1-6所示内容打分。

表1-6　实训评价

序号	评分内容	总分	老师打分	老师点评
1	对短视频有没有形成认知	10		
2	了解短视频的常见类型的能力	20		
3	为客户选择了合适的短视频类型的能力	30		
4	了解主流的短视频平台的能力	20		
5	根据客户情况选择合适的平台的能力	20		

合计：_____

实训二　体验制作短视频

实训描述

利用抖音App中的"毕业是一次盛开"模板制作短视频，体验短视频的拍摄和制作。本次实训要求同学们自行拍摄视频并制作一个Vlog（Video Blog，用视频记录个人生活的一种形式）。

操作指南

安装抖音App，注册新账号后按照以下步骤进行实训。

步骤1：拍摄素材。拍摄5个与校园景色、学习生活和同学友情相关的视频素材，每个视频的时长不超过10秒。

步骤2：选择模板。打开抖音App，点击"拍摄"按钮，然后点击"模板"选项卡，在模板界面中点击"vlog"选项卡，选择"毕业是一次盛开"模板。

步骤3：制作短视频。在打开的界面中点击"选择照片"按钮，打开手机相册，按顺序点击拍摄的视频素材右上角的"添加"按钮，将素材添加到模板中，然后点击"确认"按钮。在打开的界面中点击右上角的"存本地"按钮，将制作好的短视频保存到手机中。

步骤4：加入创意。在保存短视频前，可以通过使用"换素材""贴纸""文字""特效""选择音乐"等功能，在短视频中加入自己的创意。

💬 实训评价

完成实训操作后，提交实训报告。老师根据实训报告内容，按表1-7所示内容进行打分。

表1-7　实训评价

序号	评分内容	总分	老师打分	老师点评
1	下载并安装抖音App的能力	10		
2	熟练用手机拍摄短视频的能力	20		
3	根据模板制作短视频的能力	30		
4	制作的短视频能否正常播放	20		
5	制作的短视频是否有创意	20		

合计：＿＿＿＿＿＿＿＿

项目总结

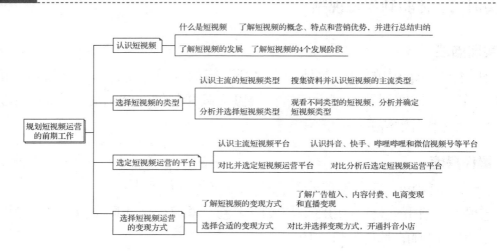

项目二
定位短视频账号

🔒 **职场情境**

在与客户沟通并跟其他同类账号对比分析后，小艾决定将短视频账号定位为拍摄宠物日常生活的宠物短视频，设定风格为Vlog形式。同时，小艾还按照定位重新设计了抖音账号的主页。小艾将整个账号定位的方案交给老李审核后，老李觉得方案不错，于是安排小艾根据账号定位，搭建对应的短视频运营团队。

🔒 学习目标

✒ 知识目标

1. 熟悉短视频的用户定位和内容定位。

2. 掌握设置短视频账号主页的方法。

3. 熟悉搭建短视频运营团队的基本流程。

✒ 技能目标

1. 能够在不同的短视频平台设置符合短视频账号定位的主页。

2. 能够搭建不同规模的短视频运营团队。

✒ 素养目标

1. 创作的短视频内容要展现真实、健康的生活，传递积极向上的精神。

2. 坚持以社会主义核心价值观为引导，积极响应发布优质内容。

任务一 定位账号的用户、内容与风格

👤 任务描述

小艾接下来的工作首先是定位账号的用户，明确拍摄的短视频给谁看，然后熟悉宠物短视频领域的热门类型，并根据客户的要求和特点来定位该宠物短视频账号的内容领域和风格。

👤 任务实施

👤 活动一　明确账号的用户类型

短视频运营的目标通常是获得用户的喜爱和关注，因此，用户是短视频的制作基础。另外，不同内容的短视频针对的目标用户也不同，所以，小艾首先需要明确账号所面对的用户类型。

第一步　确定用户的基本需求

基本需求是指用户观看短视频的目的，包括获取知识技能、休闲娱乐、寻求指导消费，以及满足自身渴望，提升自我的归属感等。小艾考虑到运营的短视频账号基本没有粉丝，因此前期目标以吸引用户关注为主，随后，她又列出表2-1进行对比，从而明确了观看宠物短视频用户的基本需求。

表2-1　用户需求的调研与分析

类型	内容	适用阶段	结论
获取知识技能	短视频中加入饲养宠物、选购宠物和选购宠物用品的知识或技巧，就能够满足用户获取知识技能的需求	账号发展的中后期	吸引用户关注为主，可适当满足用户获取宠物喂养知识技能的需求。当账号粉丝达到一定数量后，可以选择满足用户对宠物用品消费指导的需求
休闲娱乐	观看各种宠物短视频，满足爱宠人士的精神消遣，增加用户对宠物的喜爱	账号发展的所有阶段	
寻求指导消费	让用户对一些宠物用品的基本信息、优惠信息及购买价值等内容有一个基本的了解，从而被引导消费	账号发展的中后期	
满足自身渴望，提升自我归属感	满足用户对某种宠物的愿望和期望，通过评论、点赞和分享等社交功能结交更多的爱宠人士作为朋友	账号发展的前中期	

第二步　获取用户信息数据

小艾确定了运营的目标用户后，接下来需要通过专业的数据统计网站收集用户的信息数据。常用的网站包括巨量星图、卡思数据和抖查查等。下面在抖查查中收集宠物短视频账号的用户信息，具体操作如下。

微课视频

获取用户信息数据

步骤1：查看同类型短视频账号信息。

进入抖查查官方网站，注册并登录，选择"达人"菜单项中的"粉丝总榜"选项，打开以粉丝数量为排行的短视频账号榜单网页。在"分类"栏中单击"宠物"按钮，显示宠物短视频达人榜单，如图2-1所示。

图2-1　抖音的宠物短视频达人榜单

步骤2：筛选类似账号。

选择某短视频达人账号对应的选项，进入该账号的详情介绍页，浏览其最近的短视频内容，筛选出符合自身创作预期的宠物短视频账号。

步骤3：查看具体信息数据。

在筛选出的短视频账号的详情介绍页中，单击"粉丝画像"选项卡，付费后查看该短视频账号的详细用户信息，包括性别、年龄、地域和活跃时间的分布情况，以及30天内的粉丝变化趋势图等。图2-2所示为某短视频账号活跃粉丝的性别和年龄分布。

图2-2　粉丝画像的性别和年龄分布

💡 知识窗

用户信息数据是指短视频用户在网络中观看和传播短视频的各种数据，包括图2-3所示的一些与用户相关的个人信息数据。用户信息数据是组成用户画像基本框架的元素，能够展现出用户对短视频内容的需求差异。

图2-3　用户信息数据

💡 知识窗

第三步 确定使用场景

使用场景是指短视频用户观看短视频的时间和内容等信息。进行短视频用户定位时，通常需要将这些信息数据融入特定的场景中，从而更好地归纳用户特征。小艾总结出了宠物短视频的用户使用场景，如表2-2所示。

表2-2 宠物短视频的用户使用场景

要素	含义	具体场景
Who	谁在观看	女性为主，12～35岁的用户占比较大
When	什么时间在观看	活跃时间为10:00—23:00
Where	用户分布区域是怎样的	南方省份播放量更大
What	观看的内容有哪些	宠物与主人互动、宠物进食、宠物户外运动

第四步 形成用户画像

用户画像通常是根据用户的属性、生活习惯、偏好和行为等信息抽象描述出来的标签化用户模型。小艾将收集的宠物短视频相关的用户信息数据融入使用场景中，再把相关数据按照类别进行计算，得出平均数，以此整理成自己所需的宠物短视频账号的用户画像，如下所示。

（1）性别。女性为主，占比约80%，男性用户占比较低。

（2）年龄。17岁以下用户占比约50%，18～24岁用户占比约20%，25～35岁用户占比约10%。

（3）地域分布。南方省份占比约60%，直辖市和各大省会城市占比约90%。

（4）活跃时间。工作日为12:00—14:00、16:00—23:00，节假日为10:00—24:00。

（5）感兴趣的宠物话题。如何选择猫粮、狗粮，猫狗的装饰打扮，训练猫狗的正确方式，为什么猫狗这么可爱等。

（6）用户关注账号的决定因素。画面精美、宠物可爱，为自己提供了很多有价值的喂养知识，账号持续发布优质内容等。

（7）点赞及评论的条件。宠物可爱、听话，内容搞笑、有价值、实用性强，并且内容能引发共鸣等。

（8）用户的其他特征。喜欢美食、旅行和运动，性格开朗大方，喜欢购买大众喜欢的商品。

动手做

通过用户画像判断短视频账号类型

图2-4所示为某短视频账号的用户画像，猜猜这是哪种类型的短视频账号。

动手做

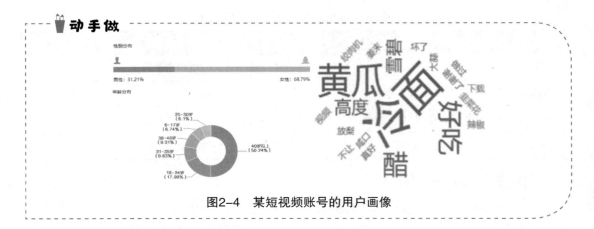

图2-4　某短视频账号的用户画像

活动二　设定账号的内容领域

小艾认为，运营一个新短视频账号的重要目标是通过内容收获粉丝、积累人气，所以，目前的重要工作是设定账号的内容领域。设定短视频账号的内容领域的常用方法是差异化定位法，根据创作者自身的特长来定位内容领域，从而避免同质化竞争。

第一步　分析自身条件

自身条件包括自己所处的城市，自己的知识水平、年龄、爱好、擅长的技能、工作领域和所处城市，以及是否能熟练使用各种摄像设备、拍摄软件和视频剪辑软件等。小艾的公司有专业的拍摄团队，小艾自己也能够使用手机拍摄短视频，并且能够使用剪映App剪辑短视频，所以，小艾基本能够完成宠物短视频的拍摄工作。

✏ **经验之谈**

如果是个人运营短视频账号，由于每个人的知识文化水平、人生经历和兴趣爱好不同，擅长的短视频内容领域也不同，因此，根据自己的特长来设定短视频账号的内容领域是十分有必要的。只有选择自己擅长的领域，才能创作出高质量的短视频。

第二步　观看同类短视频并形成分析报告

小艾观看了很多宠物类的短视频，并以短视频创作者的角度分析，根据自己的特长和知识技能选择了几种比较合适的类型做出了详细的分析。表2-3所示为账号内容领域的分析结果。

表2-3　宠物短视频的内容领域分析

内容领域	典型账号	分析	适用阶段	结论
日常生活	@王泡芙、@金毛蛋黄、@大G、@尿尿是只猫	非常适合新手选择，大多数宠物短视频账号选择这一方向	适用所有时期	宠物短视频以可爱的宠物为主角，让人心生怜爱，能吸引较多喜爱宠物的用户和情感比较丰富的用户。前期以宠物的日常生活为主要内容，等到粉丝达到一定数量，再拍摄其他内容的短视频
喂养技巧分享	@一只笨鼠、@比鲁斯.雯	需要运营者或创作者具备一定的宠物喂养技能和经验，选择这个方向的账号较少	适用中后期	
系列故事	@金毛路虎、@嘴嘴深夜食堂、@雪球日记qwq	选择这个方向的账号也比较多，需要运营者和内容创作者具备一定的脚本和文案创作能力	适用所有时期	
其他	@飞猪迈萌（猪小迈）	需要内容有个性或与众不同	适用前期	

💡 **知识窗**

选择短视频类型时应该参考一些主流和热门的短视频内容，这样才更容易迅速积累粉丝和人气。2021年的抖音用户数据分析中统计了目前主流的内容领域，如表2-4所示。

表2-4　短视频的主流类型及内容领域

类型	主要特点	内容领域
干货	精练的、实用的、可信的知识，具备较强的实用性，并能给用户带来足够多的价值	短视频运营、财经知识、职场技能、考试技巧、健身知识、理财知识、美妆知识、生活小技巧等
情感	使用户感同身受产生共鸣，容易获得高播放量和转发量	系列故事、图片展示、情感分析、亲情、爱情、友情等
搞笑	通过反转和冲突带给用户快乐	小故事、脱口秀、家庭生活、漫画、小品、曲艺等
正能量	唤起用户内心的正义和积极的情感，并得到大量点赞和转发，在短时间内为账号积累一定数量的人气	社会新闻、平凡人生、热点故事、先进人物、英雄事迹等
宠物	多以可爱的宠物为主角，让人心生怜爱，能吸引较多喜爱宠物的用户	日常生活、喂养技巧分享、系列故事等
美食	带给用户很强的感官刺激，使用户产生良好的视觉感受，具有很强的吸引力	美食制作、探店品尝、乡村美食、美食推荐等
产品评测	由达人亲自测试产品的质量和使用效果，为用户购物提供指导性意见，甚至激发用户的购买欲望	数码产品、美妆产品、厨房用品、健身器具、母婴产品、食品和汽车等

 知识窗

🌱 **素养提升小课堂**

在设定短视频账号的内容领域时，比较受用户欢迎的一种方式是通过鲜活的形式、广阔的视角来展现普通老百姓丰富多彩的日常生活。无论是美妆、教育、情感分享，还是美食、宠物、旅行，短视频的内容都需要展现真实、健康的生活，传递积极向上的精神。所以，短视频创作者要对自己的言行负责，坚持以社会主义核心价值观为引导，积极响应发布优质内容。

动手做

选择短视频账号的内容领域

请同学们将下面左侧代表的短视频类型的词语，与右侧代表的短视频内容领域的词语用线连接起来。

宠物　　　　　　　　　　　乡村野外

美食　　　　　　　　　　　科技数码

产品评测　　　　　　　　　生活小技巧

干货　　　　　　　　　　　喂养技巧

👤 活动三　选择账号的风格和形式

确定了内容方向，小艾接下来的工作就是为账号选择一种能够通过短视频内容表现出来的风格，以及账号的形式（内容中出镜的主体对象），以此塑造短视频账号的形象。

第一步 选择账号的风格

短视频账号的风格是影响短视频受欢迎程度的重要因素之一，主要有图文拼接、故事短剧、加工模仿、生活Vlog和脱口秀。小艾认为短视频账号的内容领域为宠物日常生活，所以选择生活Vlog的风格，并适当加入图文拼接和故事短剧。

💡 **知识窗**

宠物短视频账号适用各种风格，如下所示。

• **图文拼接**。使用短视频平台提供的模板，并添加宠物的照片用于制作短视频，如图2-5所示。

- **故事短剧。** 宠物为主角的故事短剧，在感动用户的同时可收获大量粉丝。
- **加工模仿。** 模仿其他热门或流行的宠物短视频账号，制作内容相似的短视频。
- **生活Vlog。** 拍摄记录宠物日常生活的Vlog，以吸引爱宠用户的关注，如图2-6所示。
- **脱口秀。** 以讲解的形式向用户讲解各种宠物饲养知识或展示正能量，从而吸引用户关注和转发，提升短视频的播放量，如图2-7所示。

图2-5　图文拼接风格

图2-6　生活Vlog风格

图2-7　脱口秀风格

知识窗

第二步　选择账号的形式

　　账号的形式通常是指短视频中出镜的主体对象，宠物短视频的出镜主体对象通常是宠物。考虑到客户网络销售的宠物用品主要是猫粮、猫砂等，小艾选择猫作为拍摄对象。

知识窗

　　短视频账号的形式主要有以下几种。

- **真人为主。** 这是目前短视频账号的主流形式，也是宠物短视频账号常用的形式。宠物短视频账号中的真人是指真实的动物。

> ✏️ **经验之谈**
>
> 　　动物作为拍摄对象的账号是真人为主的账号形式的特殊表现，其短视频内容必须通过配音、添加字幕或抓拍特定的表情等手段赋予动物"人的属性"，才更容易获得用户关注。

- **剪辑内容为主**。以各种影视剧或综艺节目为基础，通过截取精华看点或情节制作短视频。
- **肢体或语音为主**。以声音和肢体作为主体展示给用户，例如，被遮挡的面部、手部、辨识度高的声音等。图2-8所示为以手部为出镜主体的短视频。
- **虚拟形象为主**。短视频主角是由专业人员设计的虚拟形象。图2-9所示为两个以虚拟形象为主的短视频账号的内容，左侧是二维动画风格的虚拟形象，右侧则是三维动画风格的虚拟形象。

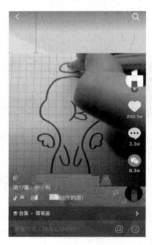

图2-8　以手部为出镜主体

图2-9　以虚拟形象为主

💡 **知识窗**

第三步　定位人设标签

　　定位人设标签需要将主角的性格和外形特点归纳出来，形成一个具有标识性的形象。小艾首先需要将猫的特点罗列出来，然后收集宠物短视频的人设标签特点，最后将两者都具备的重合点罗列出来，选择一些作为账号的人设标签。

　　步骤1：罗列猫的特点。

　　猫的特点关键词包括外形可爱、友善、性格温顺、喜欢黏主人、敏感、常在家搞破坏、常掉毛等。

步骤2：收集主流宠物短视频账号的人设标签。

在抖查查中查看粉丝总榜前50个宠物短视频账号的数据，可以收集得到目前主流宠物短视频账号的人设标签，如图2-10所示。

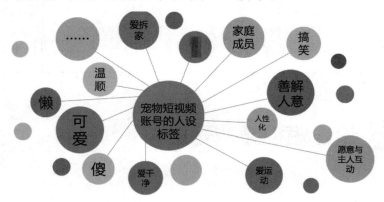

图2-10 宠物短视频账号的人设标签

步骤3：分析并选择人设标签。

小艾接着根据以上内容为短视频账号选择人设标签。她认为，建立账号的最终目标是销售宠物用品，应该针对购买商品的用户选择人设标签；相对男性，女性的购买力更强，所以，账号的人设应该选择正面、容易吸引女性用户的特点，如长相可爱、性格温柔、爱干净等。

体现宠物的特点可以通过配音、添加字幕或抓拍特定的表情等手段赋予猫人的属性。综上所述，小艾最终选择"温顺、可爱"作为宠物短视频账号的人设标签。

✐ 经验之谈

在短视频内容中强调某个记忆点，可以加强账号的人设标签。记忆点是指让用户印象深刻的内容，可以是一件物品、一个动作或一句方言等。

👜 动手做

选择美食短视频账号的风格和形式

假设同学们需要创建一个美食短视频账号，请在表2-5中选择账号的风格和形式。

动手做

表2-5　选择美食短视频账号的风格和形式

账号风格	账号形式	账号人设标签	账号记忆点
□ 图文拼接	□ 真人为主	□ 美食家	□ 独特餐具
□ 故事短剧	□ 剪辑内容为主	□ 普通人	□ 特殊口号
□ 加工模仿	□ 肢体或语音为主	□ 爱做饭的人	□ 身份独特
□ 生活Vlog	□ 虚拟形象为主	□ 饭量大的人	□ 外貌出众
□ 脱口秀			

任务二　设置短视频账号主页

任务描述

宠物用品店提供了一个创建好的抖音短视频账号，于是小艾在该账号主页中重新设置了名称、头像和背景图，并撰写了简介，方便用户通过观看主页直接了解宠物短视频账号的内容和人设定位。

任务实施

活动一　设置账号名称

小艾首先为短视频账号起了一个合适的名称，然后直接在抖音中更改了原有的名称。

第一步　起名

为短视频账号起名的基本步骤如下。

步骤1：了解起名的原则。名称是一种具有独占性、特指性的符号，应该保证名称具有简短、简单、易记、易传播等特点。例如，宠物短视频账号可以直接将账号名称设置为宠物的名字，既符合简单、易记的原则，又能够轻松让用户通过名称理解短视频账号的内容方向，这有利于传播。

步骤2：分析网络中宠物短视频账号的名称。网络中宠物短视频账号的名称大多数都以宠物的"类型+名字"的方式命名，如金毛蛋黄等。

步骤3：起名。由于有好几只拍摄的宠物猫，其中一只名为"艾笨笨"，所以小艾将账号命名为"艾笨笨一家"。

第二步 更改抖音账号名称

紧接着，小艾就在抖音中将原有账号名称更改为了"艾笨笨一家"，具体操作如下。

步骤1：打开抖音App，在操作界面下面点击"我"选项卡，进入短视频账号主页，点击"编辑资料"按钮。

步骤2：进入"编辑个人资料"界面，选择"名字"选项。

步骤3：进入"修改名字"界面，在"我的名字"文本框中输入"艾笨笨一家"，点击"保存"按钮，如图2-11所示。

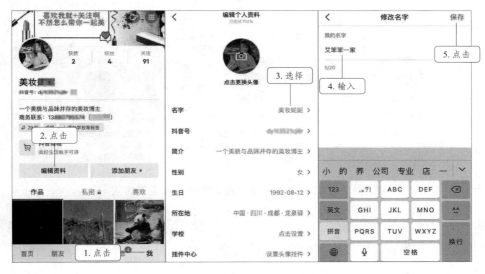

图2-11 更改抖音账号名称

✐ 经验之谈

短视频内容的更新速度快，创建账号名称时加入一些关键词，包括量词、动词、数字名词和地域名词等，有助于在前期更快、更精准地定位和吸引用户关注，也有助于短视频平台推荐短视频账号。

👤 活动二 设置账号头像

一张有吸引力的头像，可以加深短视频账号在用户心中的印象。由于短视频账号主页中的头像尺寸通常都比较小，且头像画框以圆形为主，所以，小艾决定先选择一张合适且有吸引力的图片，然后在抖音中将其设置为账号头像。

第一步 选择头像图片

选择账号头像的图片需要了解头像的设置原则和常见设置方式，然后再挑选符合这些要求的图片，具体操作如下。

步骤1：了解头像的设置原则。一般来说，短视频账号的头像应该足够清晰，且能够突出重点内容，可以用宠物图片作为头像。

步骤2：了解头像常见设置方式。设置宠物短视频账号的头像主要是为了吸引用户的关注。通过在抖查查中查看达人榜排名前50的宠物短视频账号头像可以看出，头像的常见设置方式有5种，如图2-12所示。其中，占比较多的为宠物形象，所以，小艾决定将账号头像设置为艾笨笨的照片。

图2-12 5种常见的宠物短视频账号头像设置方式

步骤3：选择符合的图片。小艾找了一张艾笨笨的照片（配套资源：\素材文件\项目二\头像.jpg），将其作为账号头像。

经验之谈

IP（Intellectual Property）即知识财产、智慧财产，也可以理解为知识产权。IP可以是一首歌、一部小说，或是某个人物形象，甚至是一个名字、一个符号等。很多短视频账号通过创作内容，吸引了大量的粉丝关注，形成了辨识度很高的账号或人物角色，这些就是个人IP。

第二步 更换账号头像

下面在抖音中为宠物短视频账号"艾笨笨一家"更换头像，具体操作如下。

步骤1：打开抖音App，在@艾笨笨一家的账号主页中点击"编辑资料"按钮。

微课视频

更改账号头像

步骤2：进入"编辑个人资料"界面，点击账号头像图片，在打开的列表中选择"相册选择"选项。

步骤3：进入相册对应的界面，在其中点击"头像.jpg"图片。

步骤4：进入设置头像的界面，在其中调整图片的大小和显示的重点，调整完成后点击"确定"按钮，完成更换账号头像的操作。

为短视频账号设置新头像的操作步骤如图2-13所示。

图2-13　为短视频账号设置新头像

📖 动手做

为短视频账号更换头像

根据以上步骤，在手机中选择一张自己满意的照片，将其更换为自己某个短视频账号的头像。

👤 活动三　撰写账号简介

小艾在抖音App中点开了@艾笨笨一家的账号主页，账号名称的下面有一段账号简介，其作用是补充说明账号的基本情况。小艾想写一段比较简短的文字，向用户展示账号的特点和内容。

第一步 撰写简介内容

撰写简介内容分为分析和撰写两个基本步骤，具体操作如下。

步骤1：小艾分析了抖查查中达人榜排名前50的宠物短视频账号，发现账号简介主要有自我介绍，展示观点、态度或感悟，商务联系3种常见形式，占比如图2-14所示。大部分账号简介中同时具备两种形式。

步骤2：由于@艾笨笨一家的账号已说明了账号的内容方向，于是小艾将账号简介的形式定位为自我介绍，内容为"笨笨是一只猫，家里还有一群猫"。另外，小艾还在简介中增加了商务联系的内容。

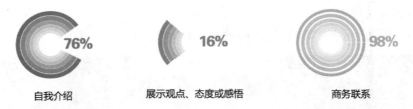

图2-14　账号简介的形式占比

第二步 编辑抖音的账号简介

下面在抖音App中为宠物短视频账号@艾笨笨一家设置简介，具体操作如下。

步骤1：打开抖音App，在@艾笨笨一家的账号主页中点击"编辑资料"按钮。

步骤2：进入"编辑个人资料"界面，选择"简介"选项。

步骤3：进入"修改简介"界面，在"个人简介"文本框中输入以自我介绍和商务联系方式为主的内容，点击"保存"按钮，完成编辑简介的操作。

编辑抖音账号简介的操作步骤如图2-15所示。

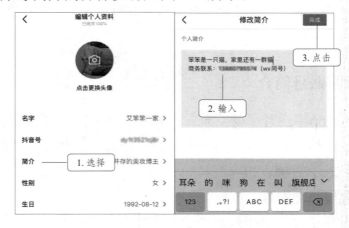

图2-15　编辑抖音账号简介

✏ **经验之谈**

抖音App的账号主页中还有一个标签功能，作用是利用简短的词语来体现账号特征或某种特质，便于推广和传播。例如，在抖音App中可以设置年龄、位置、学校等标签，如图2-16所示。

图2-16　短视频账号标签

💡 **知识窗**

短视频账号简介形式的主要特点如下。

- **自我介绍**。通过简单的语句做自我介绍，还可以添加内容领域、主体身份、引导关注和个性风格等内容，如图2-17所示。

图2-17　短视频账号简介的内容

- **展示态度、观点或感悟**。通过简单的语句表明账号的态度、观点或感悟，展示个性，例如，剧情类账号简介"也许，也是我们的故事"、旅行类账号简介"善待自然，珍爱地球"等。
- **商务联系**。展示自己的联系方式和各种商务合作的方式，通常为微信号、微博号，或者电话号码等。

 知识窗

动手做

为不同定位的短视频账号选择简介

阅读表2-6列出的所有短视频账号简介，请为不同定位的短视频账号选择合适的简介，并将编号填写到表中对应的短视频类型下面。

表2-6　不同定位的短视频账号

搞笑	剧情	穿搭	旅行	音乐	舞蹈	资讯	情感	美食

（1）参与、沟通、记录时代；　　（2）用心表演、传播欢乐；　　（3）一起见识美好祖国；
（4）和三个姐姐的合租日常；　　（5）飓风音乐旗下艺人；　　（6）春夏秋冬，与你同粥；
（7）搞笑变声的美食主播；　　（8）爱跳舞的银行职员；　　（9）深话浅说，长路慢走；
（10）从业女装12年，拥有丰富的服装搭配经历。

活动四　设置主页背景图

老李提醒小艾，在账号主页中，除了名称、头像和简介外，还有一个不容忽视的关键因素——背景图。背景图也称为封面，设置背景图对积累用户、提升转化率有非常重要的促进作用。于是，小艾继续为@艾笨笨一家的主页设置背景图。

第一步　设计背景图尺寸

背景图通常都有固定的尺寸，抖音App中的背景图大小为1125像素×633像素。小艾将背景图划分成了6个区域，如图2-18所示。

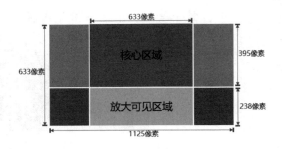

图2-18　抖音App账号主页背景图尺寸的区域划分

上方1125像素×395像素的区域为账号主页中的可见区域。中间的633像素×395像素区域为核心区域，该区域通常放置背景图的重要内容。下面的1125像素×238像素的区域为账号主页中的压缩区域，通常呈现不可见状态，当用户下拉主页时，被看到的区域就是图中的放大可见区域。

第二步　制作背景图

小艾选择了一张猫咪的照片作为背景图。为了吸引用户

微课视频

制作背景图

关注，她还使用了美图秀秀App在照片中添加文字，具体操作如下。

步骤1：打开美图秀秀App，在主界面中点击"图片美化"按钮，在打开的界面中点击背景图（配套资源：\素材文件\项目二\背景.jpg）。

步骤2：打开图片美化的操作界面，在下方的菜单栏中点击"文字"按钮。

步骤3：打开设置文字格式界面，在"素材"选项卡中点击"气泡"选项卡，在其中选择第二行第二个样式，如图2-19所示。

步骤4：图片上的文本框变成选择的样式，点击该文本框，打开输入和设置文字的界面，在文本框中输入要添加的文字，如图2-20所示。

步骤5：点击"样式"选项卡，在下面的文本颜色栏中选择图 2-20所示的颜色。

步骤6：点击"字体"选项卡，在字体栏中选择图2-21所示的字体样式，点击"确定"按钮。

图2-19　设置文字的样式

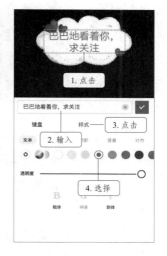

图2-20　输入文字并设置颜色

步骤7：在图片上通过拖动的方式缩小文本框，并将文本框移动到背景图的核心区域，然后在设置文字格式的界面中点击右上角的"确定"按钮，如图2-22所示。

步骤8：返回到图片美化的操作界面，点击右上角的"保存"按钮，如图2-23所示，将制作好的背景图保存到手机相册中（配套资源：\素材文件\项目二\背景图.jpg）。

图2-21　选择字体样式　　图2-22　调整文本框大小和位置　　图2-23　保存图片

 知识窗

短视频账号主页的背景图有以下3种常见样式。

- **强化内容**。这种样式适用于个人、团队、宠物等为主角的短视频账号。例如，@成都大熊猫繁育研究基地账号主页的背景图就选择了基地大门的照片，有助于提升其在用户心中的认知程度，强化官方账号的机构特质，如图2-24所示。

- **补充内容**。背景图作为主页重要的元素之一，用户进入账号主页很容易看到背景图。所以，使用背景图再次介绍具体内容，可以深化用户对账号中主要角色和内容的认知印象，并加深对账号定位、内容重点的了解，如图2-25所示。

- **心理引导**。这类样式多利用"点这里""关注我"等文字，向用户进行心理暗示，吸引感兴趣的用户关注账号，如图2-26所示。

图2-24　强化内容的背景图　　图2-25　补充内容的背景图　　图2-26　心理引导的背景图

 知识窗

44

第三步　添加背景图

最后，小艾将制作好的背景图添加到了宠物短视频账号@艾笨笨一家的主页中，具体操作如下。

步骤1：打开抖音App，在@艾笨笨一家的账号主页中点击界面上方的背景图。

步骤2：进入设置背景图界面，点击"更换背景"按钮，在打开的列表中选择"相册选择"选项。

步骤3：进入相册对应的界面，在其中点击制作好的背景图（配套资源：\素材文件\项目二\背景图.jpg）。

步骤4：进入"裁剪"界面，拖动图片将文字移动到背景图的核心区域，并预览背景图的效果，完成后点击"确定"按钮。

步骤5：返回短视频账号主页，可以看到账号的名称、头像、简介、标签和背景图的完整效果。

为短视频账号设置背景图的操作步骤如图2-27所示。

图2-27　为短视频账号设置背景图

✎ **经验之谈**

制作背景图的关键是要将背景图的重点内容显示在核心区域。一般来说，制作好背景图后，可以将其添加到主页中，查看最终效果，如果重点内容被遮挡，就需要重新制作或调整。

🎁动手做

为美食短视频账号选择背景图

根据重点内容应该放在核心区域的原则，在下面的图片中选择一张作为美食短视频账号的背景图。

任务三 搭建高效短视频运营团队

👤 任务描述

为了满足客户的要求，小艾向老李提出要搭建一支短视频运营团队。老李告诉小艾，该宠物短视频账号才开始运营，团队规模不需要太大，在搭建团队的过程中，要合理分配工作，并且要求小艾确认运营团队的运作流程。

👤 任务实施

👤 活动一 分配团队工作

虽然运营团队由小艾主要负责，但老李允许小艾临时抽调部门其他人员帮忙，具体的工作由小艾按照短视频运营团队的相关职能分工进行分配。

第一步 确定团队规模

按照岗位配置的数量，短视频运营团队可分为高配、中配和低配3种规模，如图2-28所示。小艾根据老李的意见和客户提供的预算，初步决定搭建一个低配团队，由自己一个人来完成策划、拍摄、剪辑和发布的相关工作。

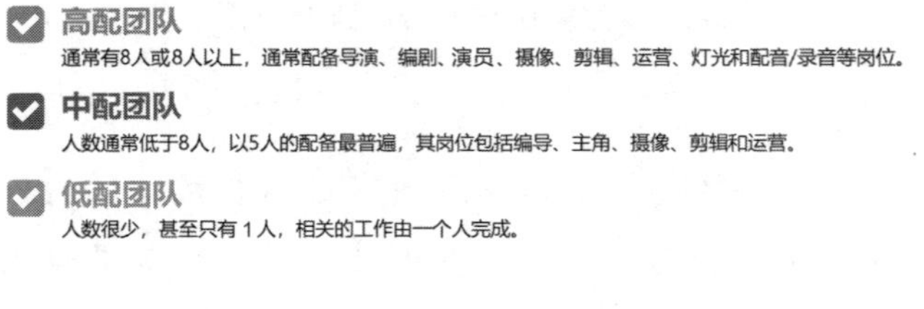

☑ **高配团队**
通常有8人或8人以上，通常配备导演、编剧、演员、摄像、剪辑、运营、灯光和配音/录音等岗位。

☑ **中配团队**
人数通常低于8人，以5人的配备最普遍，其岗位包括编导、主角、摄像、剪辑和运营。

☑ **低配团队**
人数很少，甚至只有1人，相关的工作由一个人完成。

图2-28 短视频运营团队的规模

第二步　明确职能分工

通常情况下，专业的短视频运营团队由导演、编剧、演员、摄像、剪辑、运营和辅助人员7种职能人员组成。宠物短视频账号以猫为主，其他人员都不出镜。所以，小艾就需要集导演、编剧、摄像、剪辑、运营和辅助人员于一身，在条件允许的情况下，可以从其他团队抽调摄像或运营等职能人员帮忙。

 知识窗

短视频运营团队中各职能人员的工作职责如表2-7所示。

表2-7　短视频团队中各职能人员的工作职责

职能	主要工作	具体工作
导演	统领全局，把关短视频创作的每一个环节	（1）负责短视频拍摄及后期剪辑； （2）拍摄工作的现场调度和管理
编剧	确定选题，搜寻热点话题并撰写脚本	（1）收集和筛选短视频的选题； （2）收集和整理短视频创意； （3）撰写短视频脚本
演员	凭借在语言、动作和外在形象等方面的专业呈现，塑造具有特色的形象	（1）根据编剧创作的短视频脚本完成短视频剧情表演； （2）在外拍或街拍时，采访路人
摄像	拍摄短视频，搭建摄影棚，以及确定短视频拍摄风格	（1）与导演一同策划拍摄的场景、构图和景别； （2）独立完成或指导工作人员完成场景布置和布光； （3）按照短视频脚本完整拍摄短视频； （4）编辑和整理所有视频素材
剪辑	把拍摄的视频素材组接成完整的作品	（1）根据短视频脚本独立完成视频剪辑、特效制作和添加音乐等操作； （2）根据短视频脚本指导拍摄过程中的场景布置和打光等
运营	通过文字的引导提升短视频的完播量、点赞量和转发量，进行用户反馈管理、粉丝维护和评论维护	（1）负责各个短视频平台中账号的运营； （2）规划短视频账号的运营重点和内容主题； （3）与一些短视频达人联系并促成合作； （4）负责与用户互动，留住用户
辅助人员	灯光：搭建摄影棚，布置灯光，负责拍摄过程中的灯光控制等	
	配音：为演员或内容主体配上标准的普通话或所需要的语音	
	录音：根据导演和脚本的要求完成短视频拍摄时的现场录音	
	化妆造型：根据导演和脚本的要求给演员化妆和设计造型	
	服装道具：根据导演和脚本的要求准备好演员的服装及相关道具	

知识窗

👤 活动二　运作短视频运营团队

虽然搭建的是低配团队，但老李仍然要求小艾以标准化的流程运作，并给出了一套适用于大多数短视频运营团队的标准化日常工作流程让小艾参考。小艾参照这个运作流程对自己的短视频运营团队运作过程进行了梳理。

第一步　选题

选题包括讨论和审核两个步骤，具体操作如下。

步骤1：小艾从公司的专业短视频团队邀请导演、编剧和运营组成了选题小组，在选题会上，小艾提出了自己认为合适的多个选题，然后所有人一起讨论。讨论完成，有问题的选题直接剔除或者修改，而没有问题的选题则交给老李审核。

步骤2：老李审核了所有的选题，对有问题的选题与小艾进行了沟通，并要求小艾修改；审核通过的选题则直接发给小艾。

第二步　撰写脚本

撰写脚本包括撰写和审核大纲、撰写和审核初稿、完善脚本、脚本评级和完成最终稿等步骤，具体操作如下。

步骤1：小艾收到审核通过的选题后，参考了老李的意见撰写脚本大纲，然后再次发送给老李审核。

步骤2：老李再次审核了小艾撰写的脚本大纲，确认无误后确定脚本大纲。

步骤3：小艾根据脚本大纲撰写了短视频的脚本，然后发送给老李审核。

步骤4：老李审核脚本初稿，提出修改意见。

步骤5：小艾根据老李的意见修改短视频脚本。

步骤6：老李开始对脚本进行审核评级。脚本的级别关乎小艾的工作绩效，写得越好，绩效越高。

步骤7：老李组织小艾和运营人员对完成的脚本进行最后审核，并根据宠物短视频账号的定位，从细节上完善脚本的内容，完成脚本的最终稿。

> ✏️ **经验之谈**
>
> 短视频运营通常实行二稿评级制，即要对短视频脚本修改完善的第二稿进行评级。

第三步 拍摄

拍摄包括拍摄短视频和导演初审两个步骤，具体操作如下。

步骤1：拍摄时，小艾首先根据脚本准备了各种摄影摄像器材，并布置了场景、灯光，准备了道具等，然后根据脚本拍摄了猫的各种行为动作。

步骤2：小艾初步审核拍摄的所有素材，根据脚本查看素材是否符合要求。

第四步 剪辑

剪辑包括视频剪辑和导演审核两个步骤，具体操作如下。

步骤1：小艾对拍摄素材进行了后期处理，包括添加字幕和背景音乐、配音以及制作特效等。

步骤2：小艾对照脚本审核了剪辑后的短视频，修改问题后输出了完整的短视频。

第五步 发布

发布包括发布短视频、推广短视频和数据统计3个步骤，具体操作如下。

步骤1：小艾将短视频发布到了各个短视频平台，并根据短视频的内容和特点撰写了标题和文案，以吸引更多的用户观看。

步骤2：短视频正式发布后，小艾和运营人员根据各个短视频平台的推广机制，选择了合适的引流方法，以吸引更多的用户观看短视频。

步骤3：短视频正式发布后，小艾实时关注相关数据，还定期统计数据并制作数据报表。根据数据表现，小艾发现了该短视频存在的问题，并得出相关结论，以此为依据对下一期短视频内容进行了调整。

同步实训

实训一 设置美妆短视频账号的主页

实训描述

站在短视频账号创建者和运营者的角度，在快手中设置一个美妆短视频账号的主页，效果如图2-29所示。本次实训要求同学们先明确账号定位，然后根据账号定位来设置账号主页。

图2-29 美妆短视频账号的主页

🔧 操作指南

本账号定位为以真人跳舞为主，美妆商品推荐为辅。请按照以下步骤进行实训。

步骤1：打开快手App，在操作界面下方点击"我"选项卡，进入短视频账号主页，点击原有的账号名称。进入"设置昵称"界面，删除以前的名称，输入"跳舞的妮妮（美妆）"，点击"完成"按钮。

步骤2：点击原有的账号头像，进入"个人头像"界面，点击"更换头像"按钮，在打开的列表中选择"从相册选取"选项。

步骤3：进入相册对应的界面，在其中点击需要设置为头像的图片（配套资源：\素材文件\项目二\头像1.jpg）。进入预览头像界面，在其中调整图片的大小和显示的重点，调整完成后点击右上角的"确定"按钮。

步骤4：返回主页编辑界面，在"填写个人介绍更容易获得关注，点击此处添加"处点击，进入"设置个人介绍"界面，在文本框中输入"一个温柔！时尚！美丽！爱跳舞的美妆博主"，点击"完成"按钮。

步骤5：在短视频账号主页中点击任意标签，进入"编辑个人资料"界面，选择"性别"选项，在打开的列表中选择"女"选项。用同样的方法设置"生日/星座""年龄可见范围""所在地"，完成后点击"完成"按钮。

步骤6：返回主页编辑界面，点击封面图片或"设置封面"按钮，在打开的列表中选择"从相册选取"选项，进入相册对应的界面，在其中点击背景图（配套资源：\素材文件\项目二\封面.jpg），进入"照片预览"界面，将图片的主要内容移动到封面图的核心区域，完成后点击右上角的"确定"按钮。

💬 实训评价

完成实训操作后，提交实训报告。老师根据实训报告内容，按表2-8所示内容进行打分。

表2-8　实训评价

序号	评分内容	总分	老师打分	老师点评
1	了解短视频的内容和用户定位的能力	20		
2	根据账号定位设计名称和头像的能力	10		
3	撰写符合账号定位的简介的能力	20		

续表

序号	评分内容	总分	老师打分	老师点评
4	设计的背景图是否清晰美观且满足要求	20		
5	独立设置不同定位的账号主页的能力	30		

合计：＿＿＿＿＿＿＿

实训二　体验搭建短视频运营团队

实训描述

以账号运营者的身份搭建短视频运营团队，可以更好地了解和掌握搭建短视频运营团队的相关知识和操作。本次实训要求同学们分组参与，搭建一个搞笑短视频运营团队。在开展实训前，要求各小组如实填写小组信息。

（1）小组人数：＿＿＿＿＿＿＿＿人。

（2）小组组长：＿＿＿＿＿＿＿＿。

（3）小组成员：＿＿＿＿＿＿＿＿＿＿＿＿＿＿＿＿。

操作指南

在小组组长的安排下，确定组员分工，按照以下步骤和要求进行实训。

步骤1：确定规模。该短视频的用户定位主要是大学生和其他25岁以内的年轻人，内容领域以搞笑系列故事为主，风格是真人出镜，演员数量为至少两人，所以为了保证短视频内容的质量，选择高配团队。

步骤2：职能分工。由小组组长作为项目负责人确定团队所需职能人员，应包括导演、编剧、演员、摄像、剪辑、运营、辅助人员等人员，然后小组成员根据这些职能人员的工作内容，结合自身条件竞争不同的职能岗位。

步骤3：设置工作流程。按照分配好的角色，根据标准化日常工作流程模拟运作短视频运营团队，除拍摄、剪辑、发布和运营外，其他步骤按照真实的操作进行。

实训评价

小组完成实训操作后，将搭建的团队人员分工和运营流程形成书面报告，派选代表进行交流，老师根据报告和交流内容按表2-9所示内容进行打分。

表2-9　实训评价

被评小组：　　　　　　　　　　　　　　　　　　　　　　小组成员：

序号	评分内容	总分	老师打分	老师点评
1	小组具体分工是否明确	25		
2	团队定位是否正确	10		
3	运营流程是否合理	25		
4	各职能人员的工作分配是否合理	25		
5	搭建其他类型账号的运营团队的能力	15		

合计：_____

项目总结

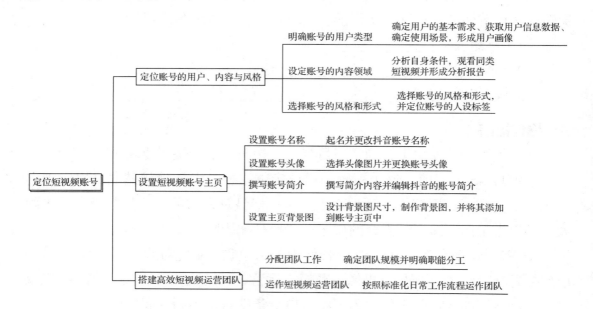

项目三
策划短视频内容

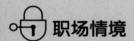 **职场情境**

　　老李对小艾的账号定位工作很满意，要求小艾尽快进入短视频拍摄制作流程。老李告诉小艾，要想拍摄出优质的短视频，一篇内容精彩、引人入胜的短视频脚本是必不可少的。因此，在拍摄制作短视频之前，小艾还要完成一项重要工作——策划短视频内容。要策划短视频内容，首先需要确定短视频的选题，然后规划短视频的内容结构，最后再撰写短视频脚本。

学习目标

知识目标

1. 熟悉确定短视频选题的方法。
2. 掌握短视频内容结构的设计方法。
3. 掌握短视频脚本的写作方法。

技能目标

1. 能够策划各种类型短视频的内容。
2. 能够撰写常见的短视频脚本。

素养目标

1. 培养短视频脚本创作能力。
2. 以弘扬中华传统美德，传播社会正能量为己任。

任务一　确定短视频选题

任务描述

制作短视频的关键是巧妙地选择主题，即短视频选题。那么如何选择比较吸引人的主题呢？小艾刚接触这些，有点苦恼，于是经验丰富的老李告诉小艾确定短视频选题的基本思路是：首先建立选题库，然后设定选题的角度，最后利用公式确定选题。小艾根据老李的指导开始准备选题。

任务实施

活动一　建立短视频选题库

建立选题库的目的在于，帮助短视频创作者或运营者持续输出优质内容。小艾首先需要建立宠物短视频的选题库。

第一步　建立热门选题库

热门选题的时效性非常强，除了关注各大平台的各类热门榜单，掌握热点话题，熟悉热门内容，还可以根据行业特点对热点进行划分，分类方式可以根据自己的喜好和理解选择。小艾根据抖查查和新抖两个数据平台的资料，将宠物相关选题挑选了出来，为客户建立了一个简单的热门选题库，如表3-1所示。

表3-1　宠物相关热门选题库

视频榜	话题榜	挑战榜	本地榜
收养一只流浪的小狗	古灵精怪的小宝贝	动物求助	这是它的"罪证"
需要小猫咪治愈	你怎么这么可爱	孟加拉豹猫	我遛的是"崽"
如何叫醒一只小懒猫	猫咪的迷惑行为	柴犬宝宝	不听话的狗狗
狗狗的日常用途	抖音动物图鉴	亲子运动	猫咪好黏人
主人的日常喂养	馋猫	雪地	"萌宠"出道

知识窗

　　热点和行业数据可以激发短视频创作者或运营者的创作灵感。常见的短视频选题数据查询平台包括抖查查、新抖、卡思数据、百度热搜、头条热榜、搜狗微信的搜索热词、知乎热榜、微博热门话题、抖音热榜、百度指数、哔哩哔哩排行榜、快手热榜和微视热榜等。图3-1所示为抖音热榜、快手热榜和微视热榜。

图3-1　抖音热榜、快手热榜和微视热榜

知识窗

第二步　建立常规选题库

　　建立常规选题库就是通过日积月累，将身边的人、事、物，以及每天接收的外部信息，通过价值筛选整理到选题库中。小艾在抖音App中搜索了多个宠物短视频账号，查看了短视频内容，收集了其中的标题、主要内容和话题等，建立了一个简单的宠物常规选题库，如表3-2所示。

表3-2　宠物常规选题库

标题	主要内容	话题
带××出去玩	宠物和小伙伴一起玩耍和游戏	安心养宠
××的新衣服	宠物服装展示	全网好猫咪
好想出去玩	宠物和老人之间的互动	狗狗拆家日常
××是只干饭猫	宠物吃食过程	猫猫的日常
一天天斗智斗勇	宠物玩玩具	宠物头号玩具
《洗澡记》	宠物洗澡的全过程	宠物洗澡

第三步 建立活动选题库

　　活动主要有节日类活动和话题活动两种形式。其中，话题活动来源于各短视频平台官方不定期推出的各种热门话题，各短视频账号可以根据自身条件选择参与，在一定程度上会获得流量扶持和奖励。小艾运营的账号以宠物为主角，如果参加节日类活动，就会与以人为主角的短视频产生差异，更容易吸引并获得用户的关注。所以，小艾建立了一个简单的宠物节日类活动选题库，如表3-3所示。

表3-3　宠物节日类活动选题库

端午节	国庆节	元旦节	春节
宠物爱吃粽子	爱国行为	天冷不出门	给大家拜年
宠物过端午	宠物的国庆祝福	街上好多人	收红包
宠物和粽子	过节胖三圈	爱吃的宠物和节日	穿新衣
宠物划龙舟	国庆出游	宠物锻炼过节	过节就是吃
宠物的端午祝福	在家睡觉	新年新气象	胖到不想动

动手做

收集宠物短视频选题

　　在网上各种数据平台收集最新的榜单，选择4个热门宠物短视频选题填写到表3-4中。

表3-4　宠物短视频选题

活动二　设定短视频选题角度

　　建立好短视频选题库之后，小艾根据账号定位设定了一个选题的角度，然后进行短视频选题的相关工作。

第一步 了解选题角度

短视频选题的角度通常有常规选题、热点选题和系列选题3种。

- **常规选题**。常规选题是指记录日常生活场景、工作技能、学习状态等的内容。

- **热点选题**。热点选题是指与账号定位有关联的热点事件，注意要在事件出现后2小时左右确认选题并创作内容。这需要短视频创作者随时关注各大热门榜单，选择相关的热点进行创作，并收藏热门背景音乐或表情等。

- **系列选题**。系列选题围绕一项中心内容连续地创作，强调关联性、连续性，这样才能增强用户黏性。

第二步 设定选题角度

由于能够与宠物关联的热点事件较少，且不容易控制宠物的行为，小艾排除了热点选题和系列选题这两种选题角度。最终小艾决定将选题角度设定为常规选题，通过拍摄宠物的日常生活短视频，来强化账号的人设，提升账号的粉丝数量。

活动三 使用公式确定短视频选题

在确定短视频选题角度后，小艾接下来的工作就是搜索选题库中的相关选题，从中获得创作的灵感，并运用选题公式确定短视频选题。

第一步 认识选题公式

老李为小艾提供了一个短视频选题的公式作为参考，如图3-2所示。

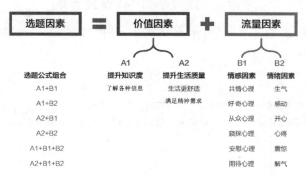

图3-2 短视频的选题公式

第二步 确定短视频选题

根据客户要求和用户定位，并结合选题公式，小艾确定了短视频选题，具体操作如下。

步骤1：选择价值因素。客户销售宠物用品需要向用户介绍各种信息，符合提升知识度的因素（A1）；另外，宠物日常生活内容也能在一定程度上满足用户的精神需求，符合提升生活质量的因素（A2）。

步骤2：选择流量因素。用户希望看到宠物的日常生活（期待心理、好奇心理），满足自身的精神需求（共情心理、安慰心理、从众心理），具备情感因素（B1）；看到可爱宠物会产生很多情绪（开心），对宠物的行为也会产生很多情绪（感动、生气、震惊），具备情绪因素（B2）。

步骤3：小艾为宠物短视频选用了"A1+B1+B2""A2+B1+B2"的选题角度（"A1+B1+B2"的选题经常用在植入广告变现类的短视频中）。

 知识窗

确定短视频选题要掌握好以下3个原则，如图3-3所示。

接地气
选题内容要通俗易懂，不宜过于高深

相关联
选题要和账号定位有关联，以提升其在专业领域的影响力和IP属性，吸引到精准的用户，提高其黏性

有价值
选题内容要有价值，要解决用户的痛点，并引导触发用户的点赞、评论、转发等行为

图3-3　确定短视频选题的原则

 **知识窗**

动手做
为指定的短视频内容设置选题

某短视频账号策划了"中国十大国粹"的内容选题。请根据选题公式，在表3-5中选择对应的选题因素。

表3-5　选题因素

提升知识度	提升生活质量	情感因素	情绪因素
□ 了解各种信息	□ 生活更舒适 □ 满足精神需求	□ 共情心理 □ 好奇心理 □ 从众心理 □ 窥探心理 □ 安慰心理 □ 期待心理	□ 生气 □ 感动 □ 开心 □ 心疼 □ 震惊 □ 解气

任务二　设计优质的短视频内容

任务描述

对任何一个短视频账号而言，无论是获取用户关注，还是提升粉丝活跃度，其核心策略都是持续输出优质的短视频内容。老李告诉小艾，为了提升短视频的内容质量，需要了解短视频内容的吸引力法则，然后搭建短视频内容的框架，并将营销信息植入短视频内容中。

任务实施

活动一　设计短视频内容结构

小艾不知道如何设计短视频内容结构，老李给出了相关提示：短视频的内容有限，为了得到用户的青睐，应该充分发挥短视频在各个播放阶段的内容优势。

第一步　了解短视频吸引力法则

老李认为短视频在播放之初就需要具备一定的吸引力，要求小艾通过具体的方法增加用户对短视频内容的期待。相关方法如下。

- **文案。**短视频中通常都添加有文案，可以预告内容亮点或制造悬念，让用户产生期待，继续观看下去。例如，"爱看电视的狗子，关掉电视后生气了……"就会引起用户对狗狗是如何生气的好奇，如图3-4所示。
- **明确告知。**在短视频开头就明确告知用户视频主题或主要内容，包括开场抛出问题、话题，或抛出利益点等。例如，"带泡芙打疫苗"，引发用户对宠物打疫苗过程的好奇心与求知欲，如图3-5所示。

图3-4　短视频文案　　　　图3-5　明确告知主题

- **身份代入**。用户如果看到了与自己日常生活相关的内容，就容易与短视频建立起相关的联系，继续观看。例如，宠物喜欢放下嘴里的食物去追求更好的东西，这正好和人们不断追求更好的生活，却往往丢失生活中美好的事物相呼应，这种短视频往往能成功引起对此有同种感受的用户的观看兴趣。
- **视觉冲击**。短视频内容在视觉上的冲击能吸引用户产生看下去的强烈愿望，例如，宠物生活中的一些意外场面、搞笑瞬间等。图3-6所示为宠物拆家的短视频，画面中掉落一地的棉絮和凌乱的场面能给用户带来较强的视觉冲击。
- **人物魅力**。有些用户会很看重短视频主角的魅力，包括外貌、气质、妆容、穿着、谈吐、举止等方面。这点对宠物短视频同样适应，可以通过突出宠物的可爱、聪明、温顺、漂亮等特质吸引用户观看，如图3-7所示。

图3-6 宠物拆家场面　　　　图3-7 展示猫咪可爱的短视频

- **音乐**。不同的音乐会带给用户不同的情绪反应，从而直接建立起相应的观看期待。例如，在短视频平台被广泛使用的热门音乐往往默认与某种特定的短视频内容绑定，用户听到音乐时会期待接下来会出现怎样不同的剧情。

第二步 搭建短视频内容框架

小艾将短视频的内容结构按照视频播放进程划分为4个步骤，每个步骤对应的目标和时间如图3-8所示。

图3-8 短视频内容结构

下面搭建宠物短视频的内容框架，具体操作如下。

步骤1：在短视频播放的前1秒（或者0.8秒）放置艾笨笨的可爱照片，或者正面可爱视频，或者能引起用户产生共鸣的文案，例如，"陪伴是最美好的时光，希望时光慢下来，陪我的艾笨笨慢慢长大"。

步骤2：放置艾笨笨生活中各种吸引力较强的视频，让用户感到开心，引导用户继续看下去。

步骤3：放置艾笨笨有关视频的精彩部分，或是卖萌动作、搞笑行为、温顺的表情等，让用户完成点赞、评论、转发或收藏等互动操作。

步骤4：在视频结尾处放置"求关注"或"点击'关注'按钮"的相关提示，将用户转化为账号粉丝，并引导用户进入账号主页，观看其他短视频。

👤 活动二 植入营销内容

小艾为短视频账号选择了植入广告的变现方式，因此，在设计短视频内容时，需要将客户的宠物用品营销信息植入内容中。

第一步 了解植入的形式

将营销信息植入短视频中的形式主要有品牌露出、剧情植入和口播3种。

- **品牌露出。**品牌露出是将需要植入的商品以道具的方式呈现在用户面前的方式。这种方式比较直接，很多短视频账号都用这种方式来达到品牌宣传的目的。

- **剧情植入。**剧情植入是将商品或品牌融合进场景中，通过故事的逻辑线使商品或品牌自然显露的方式。

✏️ **经验之谈**

剧情植入与品牌露出都需要将商品或品牌自然展示给用户，区别是剧情植入在引导用户观看视频内容时，还能让用户看到商品的效果。

• **口播**。口播就是直接用念台词的方式，把商品的详细情况口述出来。

[第二步] **对比和选择植入形式**

小艾根据3种植入形式的特点，为宠物短视频的内容选择了一种合适的植入形式，具体操作如下。

步骤1：口播需要与短视频内容衔接恰当、自然，不能强行插入，否则很容易让用户反感。另外，口播需要短视频主角的口才特别好，账号具有一定数量的忠实粉丝。而小艾运营的短视频账号的主角不能像人一样开口说话，并且账号的粉丝数量也达不到口播的需求，所以，首先排除口播。

步骤2：客户主推的商品是猫粮和猫砂，可以在短视频中直接展示猫使用商品的场景，如果需要展示效果，则选择剧情植入；如果只将商品作为道具，则选择品牌露出。

步骤3：小艾想到猫无法像人一样直接说出对猫粮的喜爱，只能从侧面表现，所以，她选择植入营销信息的形式为品牌露出。

任务三 撰写短视频脚本

👤 任务描述

脚本通常是指表演戏剧、拍摄电影等所依据的底本或书稿的底本，短视频脚本是介绍短视频的详细内容和具体拍摄工作的说明书。小艾确定了选题名称、内容后就需要为短视频撰写脚本。

👤 任务实施

👤 活动一 做好撰写短视频脚本的准备工作

老李告诉小艾，可以先收集短视频的脚本素材，以此作为模板来撰写自己的短视频脚本。

[第一步] **收集短视频脚本素材**

策划短视频内容时，可以直接利用一些常见的脚本模板来撰写自己的短视频脚本，既能提高工作效率，又可以借鉴优秀短视频内容的优点。老李给小艾推荐了几个专业的脚本创作和展示网站，小艾决定从抖查查中下载一个短视频脚

微课视频

收集脚本素材

本，具体操作如下。

步骤1：在抖查查首页中单击"工具"选项卡的"短视频脚本库"超链接。

步骤2：打开"高效涨粉的脚本库"页面，在搜索文本框中输入"宠物"文本，单击"搜索"按钮，在搜索到的脚本选项中单击"详情与下载"按钮，如图3-9所示。

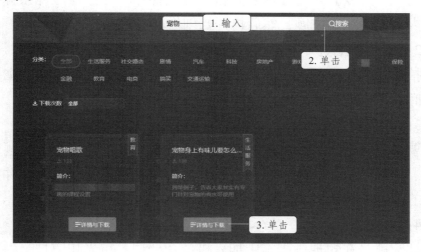

图3-9　搜索短视频脚本

步骤3：在打开的对话框中查看该脚本的简介，单击"下载脚本"按钮，如图3-10所示。

图3-10　下载短视频脚本

步骤4：打开"新建下载任务"对话框，设置该脚本的保存名称和位置，单击"下载"按钮，将该脚本下载到计算机中。

步骤5：双击下载的脚本文件将其打开，查看短视频脚本的具体内容。

第二步 了解短视频脚本撰写思路

短视频脚本是内容的发展大纲，能够为后续的拍摄、剪辑等工作提供流程指导。短视频脚本的撰写思路因人而异，常用的思路如图3-11所示。

图3-11　短视频脚本常用的撰写思路

步骤1：确认主题。

前面已经对短视频进行了内容定位和选题操作，在撰写短视频脚本时，首先应确认内容要表达的主题，然后再开始创作。

步骤2：预备拍摄。

预备拍摄是指在短视频脚本中加入一些拍摄的前期准备工作，主要包括确定拍摄时间、拍摄地点和拍摄参数等。

步骤3：确定要素。

确定要素是指通过什么样的内容及表现方式来展现短视频的主题，包括人物、场景、事件、镜头运用、景别设置、内容时长和背景音乐等，并在脚本中做出详细的规划和记录。

步骤4：填充细节。

填充细节就是在短视频脚本中加入机位、台词、布光和道具等内容，提升短视频拍摄的效率。

> ✏️ **经验之谈**
>
> 镜头运用、景别设置和布光等都是在拍摄短视频时需要用到的技能，这些内容将在后面的章节中详细讲解。

> 🏅 **素养提升小课堂**
>
> 短视频内容的情感认同、价值认同、文化认同，会在潜移默化之中影响观众的精神世界。所以，在策划短视频内容、撰写短视频脚本时，要坚持弘扬主旋律，传递正能量。

👤 活动二　撰写提纲和分镜头脚本

短视频脚本通常分为提纲脚本、分镜头脚本和文学脚本3种，分别适用于不同类型的短视频内容。小艾运营的短视频账号内容以艾笨笨的日常生活为主，适合撰写提纲脚本，但为了满足客户的需求，老李还要求小艾再撰写一个分镜头脚本。

第一步 撰写提纲脚本

提纲脚本涵盖对主题、题材形式、风格、画面和节奏的阐述，对拍摄只能起到提示作用，适用于一些不容易提前掌握或预测的内容。小艾开始撰写一个短视频提纲脚本，具体操作如下。

步骤1：确认短视频的主题。本短视频的主题是艾笨笨的日常生活，属于宠物日常生活类型的短视频。

步骤2：确定短视频的主要内容。本短视频的主要内容包括艾笨笨休息、艾笨笨吃饭、小猫左看右看3个部分，体现艾笨笨可爱、爱吃、胆小等特点，整体风格为搞笑和轻松。

步骤3：确定提纲脚本的主要项目。提纲脚本的主要项目通常包括提纲要点和要点内容两个部分。

步骤4：撰写脚本，如表3-6所示。

✐ **经验之谈**

新闻类、旅行类短视频就经常使用提纲脚本。提纲脚本一般不限制团队成员的工作，可让摄像有较大发挥空间，但对剪辑的指导作用较小。

表3-6　《艾笨笨的日常生活》提纲脚本

提纲要点	要点内容
主题	艾笨笨的日常生活
艾笨笨休息	拍摄艾笨笨休息的视频（以近景镜头为主，要拍到艾笨笨抬头的镜头）
艾笨笨吃饭	（1）拍摄准备猫粮的视频（远景镜头为主）； （2）拍摄艾笨笨吃猫粮的视频（中近景镜头为主）； （3）拍摄艾笨笨吃猫条的视频（中全景，以商品为背景，要有艾笨笨抢着吃的画面）； （4）拍摄艾笨笨吃罐头的视频，然后是艾爱（另一只猫）赶走艾笨笨（中全景镜头为主）的视频
小猫左看右看	拍摄小猫左看右看的视频（全景镜头为主）

💡 **知识窗**

文学脚本类似于电影剧本，以故事开始、发展和结尾为叙述线索。文学脚本通常只需要写明短视频中的主角需要做的事情或任务、所说的台词和整个短视频的时间长短等。文学脚本采用线性叙事，即把短视频内容分为开始、发展和结尾

拓展阅读

《好友的不同生活》
短视频的文学脚本

3个部分。文学脚本通常表现为一个故事的梗概，可以为导演、演员提供帮助，扫描右侧的二维码即可查看《好友的不同生活》短视频的文学脚本。很多个人短视频创作者和中小型短视频团队为了节约创作时间和资金，也会采用文学脚本。

知识窗

第二步 撰写分镜头脚本

分镜头脚本主要以文字的形式直接表现不同镜头的短视频画面，包括画面内容、景别、拍摄方式（镜头运用）、时长、画面内容、台词和音效等项目。客户认为需要在短视频画面中添加文字来说明剧情，体现人设，所以，小艾准备撰写一个分镜头脚本，具体操作如下。

步骤1：确认短视频的主题。主题保持不变，只是需要在画面中添加文字描述（字幕）。

步骤2：确定短视频的主要内容。内容保持不变，需要配上文字。

步骤3：确定提供脚本的主要项目。本例的纯文字分镜头脚本主要项目包括镜号、景别、拍摄方式、画面内容、文字描述、音效和时间。

步骤4：撰写脚本，如表3-7所示。

表3-7　《艾笨笨的日常生活》分镜头脚本

镜号	景别	拍摄方式	画面内容	文字描述	音效	时间
1	中景		艾笨笨趴着休息	生活惬意，岁月静好		3秒
2	中景		艾笨笨抬头看向远方	艾爱："笨笨，你去照顾孩子吃午饭！"		3秒
3	全景		猫粮装盘			2秒
4	中景		艾笨笨看着镜头	哇！开饭了		2秒
5	特写		艾笨笨吃猫粮	好吃	轻音乐或者欢快的音乐	2秒
6	中景	固定镜头，正面拍摄	艾笨笨吃猫条，包含产品画面	我的最爱		3秒
7	近景		艾笨笨吃罐头，包含商品画面	太好吃了		3秒
8	近景		艾爱过来，艾笨笨自动走开	在艾爱头上放一个生气的贴纸	表示突然和悲伤的音效	4秒
9	全景		三只小猫从左看到右，然后又从右看到左	"妈妈为什么打爸爸？""爸爸偷吃了我们的食物。""哇！爸爸被打飞了！"	打架的音效，或者表现紧张氛围的音效	9秒

知识窗

分镜头脚本分为图文集合和纯文字两种类型，表3-7所示为纯文字的分镜头脚本。图文集合是专业的分镜头脚本，由脚本撰写人员或者专业的分镜师负责，和编剧或导演沟通后进行整理，绘制出导演心中的成片画面，并在其中添加一些必要的文字内容。这种类型的分镜头脚本的主要项目通常包括镜号、景别、画面、内容和对话等，图3-12所示为图文集合分镜头脚本节选。

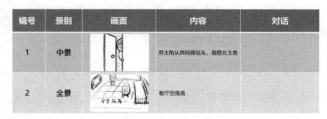

图3-12 图文集合分镜头脚本节选

 知识窗

动手做

撰写《美丽校园》短视频脚本

以拍摄美丽的校园风景视频为主题，撰写一个提纲脚本，如表3-8所示，将学校中的主要景点和代表性建筑填写到表格空白位置。

表3-8 《美丽校园》提纲脚本

提纲要点	要点内容
主题	校园的美丽风景
地理位置	（1）拍摄学校周围的地标，包括（　　　　）（　　　　　）和（　　　　　），以及通向学校的主要道路（以摇镜头为主、包括全景、远景，可以使用无人机航拍）； （2）拍摄学校的大门（拉近镜头拍摄学校名牌）； （3）拍摄学校门口主要交通标志，包括（　　　　　）地铁站、（　　　　　）公交站（可以插入电子地图标记）
知名景观	（1）（　　　　）（　　　　　）和（　　　　　）； （2）（　　　　）（　　　　　）和（　　　　　）
人文特色	（1）图书馆及里面看书的同学（　　　镜头为主）； （2）体育场及进行身体锻炼的同学（　　　镜头为主）
美丽夜景	（　　　　）（　　　　　）和（　　　　　）（远景镜头为主）

同步实训

👤 实训一　撰写美食短视频的提纲脚本

📋 实训描述

以短视频创作者的身份，为某美食短视频账号撰写一个《家常咖喱鸡》的短视频脚本。本次实训要求同学们根据撰写短视频脚本的常见思路创作，根据制作咖喱鸡的流程安排各个镜头。

🔧 操作指南

本短视频以制作美食为主要内容，并不涉及真人出镜，没有太多的剧情，也不会涉及文学创作，所以其脚本就是拍摄提纲，请同学们按照以下步骤进行实训。

步骤1：确认短视频的主题。本短视频的主题是菜品制作，属于美食制作或知识技巧类型的短视频，以拍摄制作过程为主。

步骤2：确定短视频的主要内容。本短视频的主要内容需要展现准备食材、烹饪过程、成品等，以期让用户通过短视频能够学会咖喱鸡的制作方法。此短视频的拍摄思路也将重点围绕这些内容，将从食材准备到最终成品展示的所有环节呈现出来。

步骤3：确定提纲脚本的主要项目，包括提纲要点和要点内容两个部分。

步骤4：撰写脚本，如表3-9所示。

表3-9　《家常咖喱鸡》提纲脚本

提纲要点	要点内容
主题	咖喱鸡的制作过程
展示所有食材和配料	鸡、土豆、胡萝卜、洋葱、大葱、姜、蒜、咖喱
处理鸡肉	（1）把鸡肉切成小块； （2）鸡肉装盘，加入料酒、盐和胡椒粉，抓拌均匀，腌制10分钟
准备辅料	（1）土豆、胡萝卜、洋葱全部切成小块； （2）大葱、姜、蒜切片
鸡肉焯水	（1）鸡肉冷水下锅，放入料酒； （2）水开两分钟后捞出鸡肉

续表

提纲要点	要点内容
炒制鸡肉	（1）起锅烧油； （2）油热后放入切好的大葱、姜、蒜，翻炒； （3）倒入鸡肉翻炒，并添加盐和生抽
加入辅料	加入土豆、胡萝卜、洋葱，继续翻炒
加水炖煮	（1）加入清水炖煮； （2）土豆软烂后，加入咖喱，炖煮收汁
成品装盘	将做好的咖喱鸡装盘展示

实训评价

完成实训操作后，提交实训报告。老师根据实训报告内容，按表3-10所示内容进行打分。

表3-10　实训评价

序号	评分内容	总分	老师打分	老师点评
1	了解短视频的选题和内容设计的能力	20		
2	根据选题确认短视频主题的能力	20		
3	根据主题确定短视频的主要内容的能力	20		
4	设计合理的短视频脚本项目的能力	10		
5	独立撰写短视频的提纲脚本的能力	30		

合计：＿＿＿＿＿＿＿＿＿＿

实训二　撰写搞笑短视频的分镜头脚本

实训描述

以短视频创作者的身份，为某搞笑短视频账号撰写一个夫妻日常斗智斗勇的短视频脚本。本次实训要求同学们按流程撰写一个分镜头脚本。

操作指南

请按照以下步骤进行实训。

步骤1：确认短视频的主题。主题为夫妻间的斗智斗勇，属于搞笑短视频，也可以归类到剧情短视频。

步骤2：确定短视频的主要内容。主要内容是一对夫妻之间的小故事，丈夫藏了钱，妻子想当场"捉住"他，但由于丈夫藏得比较隐蔽，结果妻子并没有发现。

步骤3：确定提纲脚本的主要项目。本例的纯文字分镜头脚本主要项目包括镜号、景别、拍摄方式、画面内容、台词、音效和时间。

步骤4：撰写脚本，如表3-11所示。

表3-11　《小金库》分镜头脚本

镜号	景别	拍摄方式	画面内容	台词	音效	时间
1	中景	固定镜头，正面拍摄	男主角从房间悄悄探出头，观察四周		表现紧张的音效	5秒
2	全景	移动镜头	客厅空荡荡，女主角在阳台做瑜伽		女主角锻炼时的音乐	3秒
3	中景	固定镜头，侧面拍摄	男主角偷偷溜进厨房		表现紧张的音效	3秒
4	特写	固定镜头	男主角打开热水壶，拿出瓶盖			3秒
5	特写	固定镜头	女主角伸手抢过热水壶的瓶盖			2秒
6	特写	固定镜头，正面拍摄	女主角一脸兴奋的表情	终于抓住你了		3秒
7	中景	固定镜头，侧面拍摄	女主角从瓶盖中拿出20元钱			3秒
8	特写	固定镜头，正面拍摄	男主角一脸失落		表示凄凉的音效	2秒
9	中景转特写	推镜头，正面拍摄	女主角转身离开，男主角倒水，水壶底座上还粘有100元钱	老婆，我错了，我给你倒水喝	表示反转的音效	5秒

💬 实训评价

完成实训操作后，提交实训报告。老师根据实训报告内容，按表3-12所示内容进行打分。

表3-12　实训评价

序号	评分内容	总分	老师打分	老师点评
1	根据选题确认短视频主题的能力	20		
2	根据主题确定短视频的主要内容的能力	20		

续表

序号	评分内容	总分	老师打分	老师点评
3	设计合理的脚本项目的能力	30		
4	独立撰写短视频的分镜头脚本的能力	30		

合计：＿＿＿＿＿＿＿＿＿

项目总结

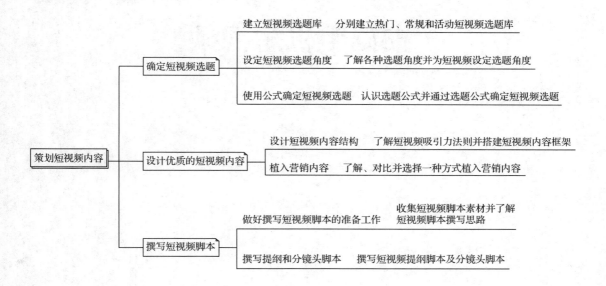

项目四
拍摄手机短视频

职场情境

　　完成短视频脚本创作后，小艾将正式开始短视频的拍摄工作。老李告诉小艾，客户指定使用手机作为拍摄设备，以方便短视频的传输、制作和发布，脚架、云台和补光灯等其他拍摄辅助设备，以及场景和道具等则需要小艾自行选择和准备。另外，拍摄过程中所涉及的景别选择、画面构图、镜头运用、拍摄参数设置等，均由小艾结合脚本设定、场地等多种因素自行决定，最终目标是拍摄出图像清晰、画面质感十足且层次丰富的短视频。

学习目标

知识目标

1．熟悉拍摄短视频的准备工作。

2．掌握短视频拍摄的方法。

技能目标

1．能够选配短视频拍摄的相关设备。

2．能够完成各种短视频的拍摄工作。

素养目标

1．培养发现美好、记录美好的审美能力。

2．拍摄和传播积极向上的内容，以传播正能量短视频为荣。

任务一　做好拍摄的前期准备

任务描述

小艾作为短视频团队的主要工作人员，一人身兼数职，需要在拍摄之前做好全部的准备工作，包括选择手机、脚架或云台、话筒、补光灯等拍摄设备，以及选择和设置场地、布光和准备道具等工作。

任务实施

活动一　选择手机

手机是目前很常见的短视频拍摄设备。小艾认同客户指定手机作为拍摄设备的决定，但不知道选择哪一款手机，只好向老李求助。

第一步　了解手机拍摄短视频的优势

老李告诉小艾，客户选择手机拍摄是因为相对于其他短视频拍摄设备，手机具备拍摄方便、操作智能、编辑便捷和互动性强的优势，如图4-1所示。

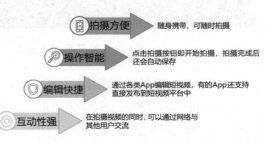

图4-1　手机拍摄短视频的优势

73

✏️ **经验之谈**

手机在防抖、广角、微距和变焦等方面的性能与专业的摄影摄像器材还有差距。所以，在选择手机时，应该重点查看这些性能参数，尽量选择防抖、广角、微距和变焦等性能更强的型号。

第二步 **根据性能参数选择手机**

老李从众多手机中选择了苹果手机与华为的P40 Pro作为拍摄设备。他告诉小艾，可以对比以下性能参数来选择拍摄短视频的手机。

步骤1：对比镜头像素。

目前主流的视频显示分辨率通常为1080P，也就是视频的分辨率为1920像素×1080像素（2 073 600像素）。只要手机的摄像镜头像素不低于2 073 600像素，就能拍摄出1080P的视频。选择手机时，摄像镜头的像素越高越好。

步骤2：对比防抖功能。

使用手机拍摄短视频过程中容易出现抖动导致画面不稳定的情况，所以，要选择具备防抖功能的手机。手机常用的防抖功能分为光学和电子两种，具备光学防抖功能的手机拍摄的短视频画面更稳定。

步骤3：对比广角拍摄功能。

使用具备广角功能的手机拍摄出来的短视频画面范围更大，可以增强画面的空间感和立体感，增强短视频画面的感染力。图4-2所示为普通画面和利用广角功能拍摄的画面对比。

图4-2 普通画面（左）和利用广角功能拍摄的画面（右）

步骤4：对比微距拍摄功能。

使用具备微距功能的手机能够拍摄一些细小的自然景物和人物细节，可以提升短视频画面的质感，带给用户视觉震撼。

步骤5：对比变焦功能。

使用变焦功能强的手机能够清晰地拍摄远处的画面。手机的变焦功能也分为光学和电子两种，在光学变焦范围内放大的画面的清晰度基本不变，而在电子变焦范围内放大的画面的清晰度会降低，画面变得模糊。

步骤6：对比感光度。

感光度影响手机在夜间拍摄的成像能力。选择超高感光度的手机可以有更多的光量，保证夜间拍摄的画面质量。图4-3所示为在不同感光度下拍摄的视频画面，从左到右感光度不断提高。

图4-3　在不同感光度下拍摄的视频画面

步骤7：对比电池续航能力。

目前很多手机电池都无法更换，同时充电和拍摄又会影响拍摄进度，所以，拍摄短视频需要选择大容量电池的手机。

步骤8：对比编辑性能。

手机拍摄的短视频可以直接使用各类App编辑和发布，这就需要手机具有超强的数据和图像编辑性能，而影响手机编辑性能的主要是处理器和内存。处理器越先进，内存越大，手机的编辑性能越强。

步骤9：对比存储容量。

短视频画面越清晰，通常其视频文件就越大，这就需要手机具有足够大的存储空间，用于存放拍摄的视频。

综上所述，小艾拍摄短视频的内容是宠物的日常，主要考虑的设备性能包括镜头像素、防抖能力、电池续航能力和编辑性能。华为的P40 Pro完全能够满足小艾拍摄宠物短视频的需求。

经验之谈

选择拍摄短视频的手机还要考虑其他因素，包括屏幕大小、三防功能（防水、防尘、防震）、延时拍摄等。这些需要根据拍摄短视频的具体要求进行有针对性的选择。

知识窗

除手机外，还有很多可以拍摄短视频的设备，包括单反相机、微单相机、运动相机和无人机。下面分别介绍。

- 单反相机。单反相机的全称是单镜头反光式取景照相机，单反成像品质高，拍摄者可以根据需要切换不同的镜头，能够满足短视频拍摄时的各种需要。图4-4所示为单反相机及常用的长焦镜头和微距镜头。

长焦镜头

微距镜头

图4-4 单反相机及常用的长焦镜头和微距镜头

- 微单相机。微单相机即微型可换镜头式单镜头数码相机，如图4-5所示。与单反相机相比，两者在拍摄短视频的成像效果与画质水平方面并无优劣之分。由于取景器结构的不同，微单相机的重量更轻，体积更小，具有更高的便携性。

- 运动相机。运动相机是一种专用于记录动作过程的相机，常用于以运动者为第一视角的拍摄，适合各种运动内容的短视频拍摄工作，如图4-6所示。这类相机体积小、重量轻、易携带、支持长时间广角且高清的视频录制，广泛应用于冲浪、滑雪、极限自行车、跳伞、跑酷等极限运动视频的拍摄。

- 无人机。无人机是一种通过无线电遥控设备或机载计算机程控系统来操控的不载人飞行器，有助于拍摄出富有视觉震撼力的视频。无人机通常由机体和遥控器两部分组成，机体中带有摄像头或高性能摄像机，可以完成视频拍摄任务；遥控器则主要负责控制机体飞行和摄像，并连接手机，让拍摄者实时监控拍摄并保存拍摄的视频，如图4-7所示。

图4-5　微单相机

图4-6　运动相机

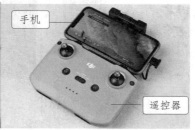

图4-7　无人机

知识窗

活动二　选择辅助设备

除了手机，小艾觉得还需要准备一些辅助设备来拍摄短视频，包括录制现场声音的话筒、保证画面稳定的稳定器和为拍摄提供辅助光亮的补光灯。

第一步　选择话筒

小艾在选择短视频拍摄中使用的话筒前，首先了解了常用的话筒类型，然后根据主演、摄像设备和场地等因素确定了所需话筒，并将话筒连接到手机，具体操作如下。

步骤1：了解话筒类型。

拍摄短视频常用的话筒主要有无线话筒和指向性话筒两种类型。

- **无线话筒**。无线话筒安装在主播的衣领或上衣口袋中，以无线方式进行录音。

- **指向性话筒**。指向性话筒就是常见的机顶麦，直接连接到手机、相机和摄像机中用于收集和录制声音，适合现场收声的拍摄环境。

步骤2：确定话筒类型。

小艾拍摄的短视频主角是猫，不具备使用话筒的条件，首先排除无线话筒。尽管手机本身内置有话筒，但内置话筒的使用范围较小，猫的声音也较小，为了尽量保证录音质量，小艾还是决定使用录音效果更好的指向性话筒。由于摄像设备是华为手机，所以选择接口类型为Type-C的话筒。

步骤3：将话筒连接到手机。

小艾先给话筒套上防风罩，然后将Type-C接口插入手机的接口中，如图4-8所示，完成话筒的安装工作。

图4-8 连接话筒和手机

 知识窗

无线话筒通常由话筒和接收器两部分组成，如图4-9所示。

图4-9 无线话筒

- **话筒**。话筒主要用于收集声音，并向接收器发送收集到的声音。
- **接收器**。接收器用于连接手机、相机和摄像机，接收话筒收集和录制的声音，然后将其传输和保存到这些拍摄设备中。

✏️ **经验之谈**

在室外拍摄短视频，可以为话筒安装防风罩和悬浮防震支架，以降低风噪和环境噪声，从而获得更好的录音效果。

第二步 选择稳定器

稳定器用于实现某些拍摄效果或保证画面的稳定性。小艾需要根据短视频主角和预算等来确定稳定器类型，并将手机安装到稳定器中，具体操作如下。

步骤1：了解稳定器类型。

适用于手机的稳定器主要有脚架和云台两种，如下所示。

• **脚架**。脚架可以用来稳定手机（如图4-10所示），包括独脚架和三脚架两种类型。

• **云台**。云台（如图4-11所示）不仅可以防止画面抖动，还可以跟踪并锁定人脸或拍摄对象，在运动拍摄、全景拍摄、延时拍摄等场景也能派上用场。

图4-10 脚架

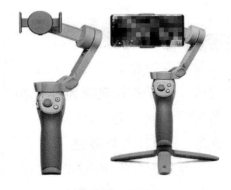

图4-11 云台

步骤2：确定稳定器。

在小艾看来，短视频账号的主角是猫，且主要拍摄内容是猫吃食，拍摄对象基本不会大范围移动，只需要固定手机位置即可完成拍摄。虽然云台的功能更全，但三脚架价格更低，且能轻松连接手机，所以，小艾选择了三脚架作为稳定器。

步骤3：连接手机和稳定器。

小艾先将三脚架的三个脚撑开放好，找到三脚架的手机夹，将两边拉开，然后旋转呈垂直状态，放入手机，将手机夹固定到三脚架顶端，如图4-12所示。

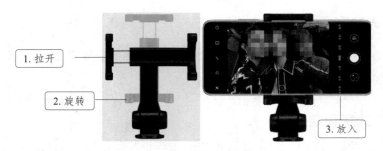

图4-12　连接手机和稳定器

💡 **知识窗**

云台也常用于短视频拍摄，其与手机连接的操作流程如图4-13所示。

图4-13　手机连接云台的操作流程

💡 **知识窗**

第三步 选择补光灯

补光灯也叫摄像补光灯，其主要作用是在缺乏光线的情况下为拍摄过程提供辅助光线。无论拍摄的场地是在室外还是室内，小艾认为都需要选择补光灯来保证短视频画面的亮度。

步骤1：了解补光灯类型。

补光灯通常配有脚架以固定位置，或者直接安装在手机或相机上随时为拍摄对象补充光线。补光灯主要有平面补光灯与环形补光灯两种类型，如下所示。

- **平面补光灯**。平面补光灯模拟太阳光为拍摄对象进行补光，如图4-14所示。

- **环形补光灯**。环形补光灯用于拍摄人脸近景或特写，如图4-15所示。

步骤2：确定补光灯。

小艾撰写的短视频脚本中拍摄内容多为中近景，适合采用环形补光灯，所以，她选择了便携式的环形补光灯作为主补光灯。

步骤3：连接手机和补光灯。

小艾先将补光灯充满电，然后打开了补光灯的夹子，将手机放入，连接好了手机和补光灯，如图4-16所示。

图4-14　平面补光灯

图4-15　环形补光灯

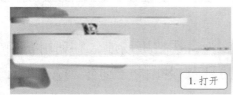

1.打开

2.放入

图4-16　连接手机和补光灯

动手做

模拟准备拍摄设备

　　某美妆短视频账号的创作者需要拍摄化妆视频，请在表4-1中选择必备的拍摄设备。

表4-1　短视频拍摄设备

摄像设备	辅助设备		
□ 手机	□ 三脚架	□ 无线话筒	□ 平面补光灯
□ 摄像机	□ 单脚架	□ 指向性话筒	□ 环形补光灯
□ 运动相机	□ 云台		

活动三　设置场景

　　短视频可以通过构建各种增加内容价值的场景来创造更大的传播价值。在拍摄短视频前需要对相关的场景进行考量和设计，包括选择和设置场地、布光和准备道具，这些都是小艾需要完成的拍摄前期准备工作。

第一步　选择和设置场地

　　选择场地应当以短视频脚本为参考。场地符合短视频脚本的要求，才有利于通过环境渲染来提升视频质量。小艾需要根据脚本来选择和设置场地，具体操作如下。

步骤1：根据短视频脚本选择场地。

小艾撰写的短视频脚本主要分为3个场景，其对应场地如表4-2所示。

表4-2　根据短视频脚本选择场地

场景	场地
艾笨笨休息	小窝、沙发或窗边，要为艾笨笨创造一个舒适的环境
艾笨笨吃食	饭盆、桌子或背景布
小猫观看	小窝、沙发，环境给人感觉要轻松、自然

步骤2：确认和搭建场地。

小艾将办公室的窗台和沙发前的桌子作为备选拍摄场地，并利用T形背景架和白色背景布搭建了一个拍摄场地，并且背景布的一部分垂在地上，如图4-17所示。

图4-17　搭建拍摄场地

💡 **知识窗**

短视频拍摄场地有室内和室外之分，也有免费和付费之分。选择室外场地时，如果对视频内容要求不高，尽量选择免费的场地；如果对视频内容要求较高或涉及的视频内容无法通过自己布置完成拍摄时，则要考虑租用专门的拍摄场地，如图4-18所示。

图4-18　专业短视频拍摄场地

室外场地大多数都是公共场所，因此不存在付费的问题。选择室外场地时，要考虑场地是否满足视频拍摄的需求，同时要综合考虑天气、安全等因素。

💡 知识窗

第二步 布光

小艾根据搭建的拍摄场地布置灯光，具体操作如下。

步骤1：选择布光类型。

根据光线对拍摄对象的影响，布光类型有主光、辅光、轮廓光、背光等。小艾拍摄的短视频以猫为拍摄对象，且拍摄场地是背景布，所以选择主光和辅光。

步骤2：设置布光。

小艾设置了一个主光和两个辅光，将手机上安装好的环形补光灯作为主光灯，将办公室中的两个相同型号的台灯作为辅光灯。布光位置如图4-19所示。

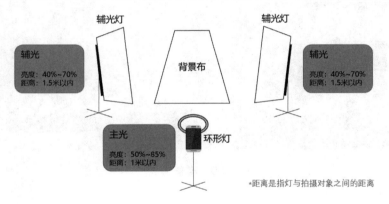

图4-19 布光位置

💡 知识窗

各种布光类型的功能如下所示。

- **主光**。主光主要用于照亮拍摄对象的轮廓，突出主要特征。在室内拍摄时通常将主光放置在拍摄对象正前方稍微侧面的位置，在室外通常以太阳光作为主光。

- **辅光**。辅光用于照亮主光没有照射到的拍摄对象的阴影部分。辅光通常放置在主光两侧的位置，也可以固定在天花板或墙上。

- **轮廓光。** 轮廓光通常为直射光，从拍摄对象的侧后方照射，使拍摄对象的轮廓清晰且明亮。轮廓光通常是视频画面中最亮的光线。
- **背光。** 背光用于照亮拍摄对象周围环境和背景，有助于消除拍摄对象在环境背景上的投影，在一定程度上融合各种光线，形成统一的视频画面基调。

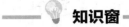

第三步 准备道具

小艾根据脚本的内容，还准备了一些道具，如图4-20所示，具体操作如下。

步骤1：准备装猫粮的盆，以及客户提供的猫粮、猫条和罐头等商品实物。

步骤2：在盆中倒入猫粮，并将其放置在背景布的正中间。

图4-20　准备道具

 知识窗

选择场地和道具的目的是表现短视频的真实性和内容的意境，利用场景触动用户的内心，引起用户共鸣。短视频拍摄中常用的道具有以下两种。

- **陈设道具。** 陈设道具是根据短视频内容需要而布置在场景中的道具，如居家住所中的家具和家用电器。
- **主题道具。** 主题道具是直接参与短视频拍摄或与拍摄对象动作直接发生联系的戏用道具，其功能是修饰拍摄对象的外部造型、渲染场景的气氛，以及串联内容情节、深化主题等，如猫粮这类广告植入商品就属于主题道具。

任务二 使用手机拍摄短视频

任务描述

一切准备就绪，小艾准备按照分镜头脚本拍摄对应的视频。老李却告诉小艾，拍摄短视频不仅仅是简单地拿起手机摄像，还需要了解短视频拍摄的基本要素、设置拍摄短视频的手机参数，以及拍摄分镜头短视频等知识，如选择景别、为视频画面选取构图方式和运用不同的镜头等。于是，小艾在老李的指导下，使用手机开始拍摄短视频。

任务实施

活动一 确定短视频拍摄的基本要素

老李告诉小艾，视频拍摄有一些基本的要素，包括拍摄的主体、陪体、拍摄时间和画幅等，确定这些要素才能在拍摄过程中突出视觉重点，提升画面层次。

第一步 确定拍摄的主体和陪体

主体即拍摄的主要关注对象，是视频画面的主要组成部分，也是拍摄构图的行为中心，视频画面中所有的元素都围绕其展开。陪体是和主体有关联关系的次要表现对象，对主体起解释、限定、说明和衬托等作用，并不是必须存在的。小艾首先确定了短视频中的主体和陪体，如表4-3所示。

表4-3 《艾笨笨的日常生活》分镜头中的主体和陪体

镜号	主体	陪体
1	猫	窗台、外面的绿植和阳光
2		
3	猫粮	盘

续表

镜号	主体	陪体
4	猫	窗台、外面的绿植和阳光
5	猫	猫粮
6	猫	猫条、沙发、桌子
7	猫	罐头、沙发、桌子
8	两只猫	罐头、沙发、桌子
9	三只小猫	沙发或无陪体

第二步 确定拍摄时间

拍摄时间对短视频的成像质量会有一定的影响，例如，镜号1和镜号2需要拍摄绿植和阳光，就应选择春秋或夏季阳光较强的阶段拍摄，如上午10点到下午4点。现在正好是春天，猫比较爱晒太阳，小艾就把拍摄时间定在了下午2点。

第三步 确定拍摄的画幅

画幅是指短视频画面的大小比例，通常以手机的屏幕比例作为标准。目前，主流的手机屏幕比例有16∶9、16∶10、18∶9、19∶9、19.5∶9和20∶9等。其中，16∶9和18∶9是受到大多数用户欢迎的屏幕比例，大多数短视频平台的视频比例也是16∶9。所以，综合以上情况，小艾确定拍摄短视频的画幅为16∶9。

活动二　设置拍摄短视频的手机参数

在正式拍摄前，摄像人员都会首先设置拍摄设备的性能参数，小艾也需要对手机的参数进行调整，包括设置画幅、打开网格线，以及设置主题色彩。

第一步 设置画幅

为设置画幅，小艾在华为P40 Pro中完成了设置视频分辨率和视频帧率的两项工作，具体操作如下。

步骤1：打开手机，点击手机中的"相机"图标，进入拍摄界面，在下面的菜单栏中选择"录像"选项，进入录制界面，点击右上角的"设置"按钮，如图4-21所示。

步骤2：进入"设置"界面，在"视频"栏中选择"视频分辨率"选项，打开"视频分辨率"对话框，点击选中"[16∶9]1080p（推荐）"单选项，如图4-22所示。

微课视频

设置画幅

图4-21 拍摄界面

图4-22 设置视频分辨率

步骤3：继续在"设置"界面中选择"视频"栏中的"视频帧率"选项，打开"视频帧率"对话框，点击选中"60fps"单选项，完成画幅设置，如图4-23所示。

图4-23 设置视频帧率

✎ **经验之谈**

　　帧率是指每秒有多少帧画面，单位为fps，帧率越高，视频播放越流畅。短视频帧率通常为30fps，如果在后期制作慢动作效果，建议设置为60fps的帧率。

第二步 打开网格线

　　手机相机通常自带辅助画面构图的网格线，小艾需要在拍摄短视频前将其打开，具体操作如图4-24所示。

　　步骤1：进入手机相机的设置界面，在"通用"栏中找到"参考线"选项，将右侧的滑块向右滑动。

　　步骤2：点击左上角的"返回"按钮，返回拍摄界面，即可看到打开的网格线，如图4-25所示。

第三步 设置主题色彩

　　由于短视频的拍摄是在室内进行的，为了让画面中的颜色看起来更亮丽，小艾还在手机中设置了主题色彩（即添加滤镜），具体操作如图4-26所示。

 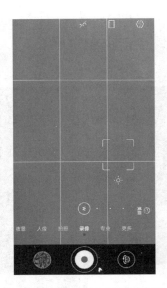 

　图4-24　打开网格　　　图4-25　拍摄界面中显示的网格线　　　图4-26　设置主题色彩

　　步骤1：进入手机的视频拍摄界面，点击右上角的"主题色彩"按钮。

　　步骤2：在展示主题色彩选项中选择一种色彩样式，这里选择"徕卡鲜艳"选项。

💡 知识窗

在华为P40 Pro中，选择"专业"选项，可以设置视频拍摄参数，如白平衡（WB）、对焦（AF）、曝光补偿（EV）、感光度（ISO）等，如图4-27所示。另外，选择"更多"选项，可以设置延时摄影、拍摄慢动作、拍摄全景、拍摄黑白视频等拍摄参数，如图4-28所示。

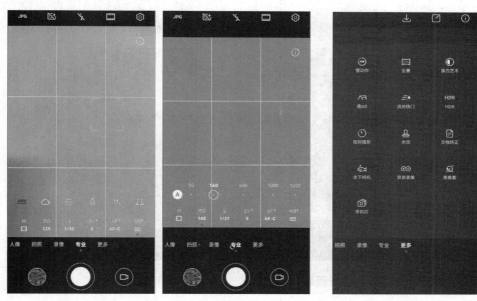

图4-27 设置白平衡和感光度　　　　　图4-28 设置更多拍摄参数

💡 知识窗

👤 活动三　拍摄分镜头短视频

一切准备就绪，小艾根据《艾笨笨的日常生活》分镜头脚本，使用手机拍摄起了短视频。

第一步 拍摄镜头1、镜头2和镜头4

镜头1、镜头2和镜头4的拍摄场地在窗台。小艾将艾笨笨放在窗台，并架设好手机后，开始了拍摄工作，具体操作如下。

步骤1：选择景别。

根据分镜头脚本，这3个镜头的景别都是中景，所以需要调整手机与艾笨笨的距离，将艾笨笨的大半个身体都显示在画面中。另外，注意展示窗外的风景和阳光，烘托艾笨笨的慵懒状态，并通过拍摄窗户的上半部分来提升空间感，如图4-29所示。

步骤2：构图。

这3个镜头都是为了突出艾笨笨，所以，在画面构图上需要选择与之相对应的方式。小艾将窗台的边缘作为画面的引导线，将艾笨笨和窗外的景色串联起来；然后利用三分构图将艾笨笨放置在三分线的下方位置，让整个画面显得和谐且充满美感；而艾笨笨的头部则处于九宫格的黄金分割点位置，既凸显艾笨笨的可爱，又能让整个短视频画面显得生动形象。最终效果如图4-30所示。

图4-29　中景画面　　　　　　　　图4-30　构图

步骤3：拍摄。

小艾着重拍了艾笨笨休息、抬头和看镜头时的3个状态，拍摄完成后点击"拍摄"按钮，拍摄视频素材共用时2分50秒。

 知识窗

在实践中，一般把景别分为远景、全景、中景、近景和特写5种类型，划分的标准通常是拍摄对象在视频画面中所占比例的大小。如果拍摄对象是人，则以画面中截取人体部位的多少为标准，如图4-31所示。

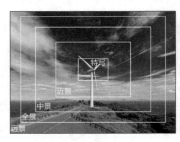 

图4-31　景别

- **远景**。短视频中的远景镜头通常用于展示环境画面来向用户描述叙事背景，能起到表现活动或场面的规模、渲染气氛、传达某种情绪等作用，适用情感、剧情、时尚和旅行等短视频类型，如图4-32所示。

- **全景**。短视频中的全景镜头通常用于展示场景的全貌或者拍摄对象的全身（包括体型、衣着打扮、身份等），来交代在一个相对窄小的活动场景里拍摄对象与周围环境或者拍摄的各种对象之间的关系，如图4-33所示。

- **中景**。中景有助于推动短视频情节发展、表达情绪和营造氛围，所以，中景具备较强的叙事功能。短视频中表现人物的身份、动作以及动作的目的，甚至多人之间关系的镜头，以及包含对话、动作和情绪交流的场景都可以采用中景。

- **近景**。近景非常适合用于短视频拍摄，用于表现拍摄对象的面部表情，展示其内心世界，刻画性格。几乎所有的短视频类型都适合采用近景拍摄，特别是涉及人物、动物、物品等的短视频。

- **特写**。短视频中的特写镜头能够向用户提示信息、营造悬念。很多美食、美妆和"种草"类短视频会采用特写镜头向用户展示细节，如图4-34所示。

图4-32 远景

图4-33 全景

图4-34 特写

知识窗

第二步 拍摄镜头3

镜头3需要在搭建好的场地中拍摄。小艾先将猫粮装入盘中，然后开始拍摄，具体操作如下。

步骤1：选择景别。

分镜头脚本中设计的景别是全景，所以需要将手机放置到能够拍摄整个猫粮盘的位置。于是，小艾将手机横置，采用横屏拍摄的方式。

步骤2：构图。

利用三分构图将拍摄对象猫粮放置在三分线的下方位置，如图4-35所示。

步骤3：拍摄。

小艾将猫粮从镜头外倒入盘中，画面中显示猫粮倒入盘中并散落在盘周围，如图4-36所示。拍摄视频素材共用时7秒。

图4-35 构图　　　　　　图4-36 倒入猫粮

 经验之谈

拍摄镜头3时，要保证猫粮倒入盘中的声音清晰、无杂音。

 知识窗

构图是指正确地组织画面中的主体、陪体和环境3个主要要素。构图的主要作用是突出主体，引导用户的视觉焦点，表明画面中拍摄对象的主次。常用构图有以下几种方式。

- **三分构图**。三分构图就是将整个画面从横向或纵向分成3个部分，将拍摄对象放置在三分线的某一位置。
- **九宫格构图**。九宫格构图是指在横、竖方向各用两条直线（也称为黄金分割线）将整个画面等分成9个部分，将拍摄对象放置在任意两条直线的交叉点（也称为黄金分割点）上。

- **中心构图**。中心构图是将拍摄对象放在画面的正中央，使得主体突出、明确，且达到画面左右平衡的效果，如图4-37所示。
- **框架构图**。框架构图是指在场景中利用环绕的事物强化突出拍摄对象，例如，人造的门、一扇窗、一座拱桥和一面镜子等，突出拍摄对象，如图4-38所示。
- **低角度构图**。低角度构图是确定拍摄对象后，寻找一个足够低的角度拍摄形成的构图，能带来较强的视觉冲击力，如图4-39所示。

图4-37　中心构图　　　　图4-38　框架构图　　　　图4-39　低角度构图

- **对角线构图**。对角线构图是将拍摄对象安排在对角线上，利用画面对角线的长度产生立体感、延伸感、动态感和活力感。这种构图可以更好地展示物品，适用于旅行类和美食类等短视频。
- **引导线构图**。引导线构图是利用场景中有规律的线条串联画面内容主体与环境元素，吸引用户的注意力，完成视觉焦点的转移。

第三步　拍摄镜头5

小艾将艾笨笨放到猫粮盘边，然后开始拍摄，具体操作如下。

步骤1：选择景别。

小艾继续保持手机横置状态，拍摄艾笨笨吃猫粮的画面。为了体现艾笨笨吃猫粮和猫条的特点，小艾将手机向艾笨笨靠近，选择中景景别。

步骤2：构图。

在镜头5中，小艾利用中心构图将艾笨笨和猫粮都放置在中心位置，如图4-40所示。

步骤3：拍摄。

小艾着重拍摄了艾笨笨吃猫粮的画面，拍摄视频素材共用时1分53秒。

图4-40　镜头5

 知识窗

小艾拍摄的视频都是正面方向，此外还有正侧面、背面和斜侧面多种拍摄方向。不同拍摄方向的短视频具有不同的画面效果。

- **正面拍摄**。正面拍摄是从拍摄对象的正前方拍摄，用户能看到拍摄对象的正面形象和特征，这也是短视频拍摄常用的拍摄方向。

- **正侧面拍摄**。正侧面拍摄是指拍摄镜头与拍摄对象的正面呈90°，如图4-41所示。从这种方向拍摄的画面能够表现出拍摄对象的动感和与其他事物的交流、冲突和对抗等特征。

- **背面拍摄**。背面拍摄是从拍摄对象的背后拍摄，如图4-42所示。用户能通过画面产生参与感，并能为拍摄对象营造某种情绪或氛围。

- **斜侧面拍摄**。斜侧面拍摄时，拍摄镜头位于拍摄对象的正面和侧面之间，或者正侧面与背面之间，可以同时将拍摄对象的正面和侧面，或者侧面与背面都展示在画面中，从而更全面地展示拍摄对象的外观和特征，如图4-43所示。

图4-41　正侧面拍摄　　图4-42　背面拍摄　　图4-43　斜侧面拍摄

 知识窗

第四步 拍摄镜头6

小艾先将艾笨笨转移到沙发前的桌子上，然后将手机移动到桌子前，再开始拍摄，具体操作如下。

步骤1：选择景别。

小艾旋转手机呈竖置状态，同样选择中景。

步骤2：构图。

虽然拍摄的画面是艾笨笨吃猫条，但为了展示商品，小艾又在背景环境中摆放了猫条商品，并尽量将艾笨笨放在画面中间位置。

步骤3：设置慢动作拍摄。

小艾在手机的拍摄界面下面的菜单栏中选择"更多"选项，进入更多拍摄选项界面，点击"慢动作"按钮，进入慢动作拍摄界面，保持默认的32×慢动作速度，如图4-44所示，点击"拍摄"按钮，开始拍摄。

步骤4：拍摄。

拍摄过程中，小艾将猫条撕开喂艾笨笨，如图4-45所示。拍摄视频素材共用时24秒。

图4-44 慢镜头拍摄

图4-45 镜头6

 知识窗

小艾拍摄时使用的都是固定镜头，可以长时间拍摄同一个场景中的画面。此外，短视频拍摄中还可以运用推、拉、摇、移、跟和升降等运动镜头，增强短视频画面的动感，改变画面内容的节奏，提升画面的视觉效果，增强内容的表现力。

- **推镜头**。推镜头是在拍摄对象不动的情况下，摄像设备匀速接近所拍摄的画面，如图4-46所示。推镜头的取景范围由大变小，形成较大景别向较小景别连续递进的视觉前移效果，给人一种身临其境的感觉。

图4-46　推镜头拍摄

- **拉镜头**。拉镜头是在拍摄对象不动的情况下，摄像设备匀速远离所拍摄的画面，如图4-47所示。与推镜头正好相反，拉镜头能形成视觉后移效果，且取景范围由小变大，由小景别向大景别变化。

图4-47　拉镜头拍摄

- **摇镜头**。摇镜头是在摄像设备位置固定的情况下，通过云台左右或上下摆动镜头所拍摄的画面，如图4-48所示。摇镜头类似人转动头部环顾四周或移动视线的视觉效果，用于表现拍摄对象的动态、运动方向等。

图4-48　摇镜头拍摄

- **移镜头**。移镜头是指摄像设备随拍摄对象运动而稳定地做水平、垂直或曲线运动所拍摄的画面，如图4-49所示。移镜头中不断变化的背景使画面表现出一种流动感，让人产生一种身临其境之感和强烈的变化感。

图4-49　移镜头拍摄

- **跟镜头**。跟镜头是摄像设备始终跟随拍摄对象一起运动所拍摄的画面，如图4-50所示。跟镜头既能突出拍摄对象，又能交代其运动方向、速度、体态，以及其与环境的关系，在短视频拍摄中有着重要的纪实性意义。

图4-50　跟镜头拍摄

✍ **经验之谈**

　　跟镜头与移镜头的区别在于跟镜头的运动方向是不规则的，但是要一直使拍摄对象保持在画面中且位置相对稳定。

- **升降镜头**。升降镜头是摄像设备借助升降装置在升降的同时进行拍摄的画面，如图4-51所示。升降镜头能带来画面视域的扩展和收缩，并由于视点的连续变化而形成多角度、多方位的多构图效果。

图4-51　升降镜头

知识窗

第五步 拍摄镜头7和镜头8

镜头7和镜头8的拍摄继续在桌子上进行，具体操作如下。

步骤1：选择景别。

镜头7和镜头8涉及短视频剧情的转折，为了展示两只猫的正面特征，小艾选择近景拍摄的方式，继续使用竖屏拍摄方式。

步骤2：构图。

由于选择近景拍摄，故采用中心构图，将艾笨笨置于画面的中间位置。另外，艾笨笨吃罐头需要低头，所以，采用三分构图，将艾笨笨的头放置在画面下方的三分线上，如图4-52所示。

步骤3：拍摄。

小艾继续采用慢动作拍摄的方式，拍摄了艾笨笨吃罐头的画面后，将另一只猫（艾爱）抱到桌上，拍摄艾爱将艾笨笨赶走的画面，如图4-53所示。拍摄视频素材共用时2分45秒。

图4-52　构图　　　　　　图4-53　镜头8

知识窗

在拍摄短视频时，还有一些可以用到的镜头类型，包括俯视镜头、仰视镜头、鸟瞰镜头、俯仰镜头、360度环拍镜头、空镜头和长镜头等。

- **俯视镜头**。俯视镜头是摄像设备向下拍摄的画面，如图4-54所示。俯视镜头会让拍摄对象显得微小，降低了威胁性。美食类短视频就经常使用俯视镜头，以增强用户主观视角的优越性、增强用户食欲。

- **仰视镜头**。仰视镜头是摄像设备向上拍摄的画面。仰视镜头可使得拍摄对象看起来强壮有力，显得崇高、充满威严。在短视频中，拍摄人物、事物或建筑时经常使用仰视镜头。

- **鸟瞰镜头**。鸟瞰镜头与俯视镜头类似，但拍摄位置更高，通常使用无人机拍摄，能带来丰富、震撼的视觉感受，如图4-55所示。

- **俯仰镜头**。俯仰镜头其实是俯视镜头和仰视镜头的结合，是将摄像设备从处于低处的仰视位置慢慢移动到高处变成俯视所拍摄的画面。这样的镜头可以展现拍摄对象的高大，凸显拍摄对象在四周环境中的独特性。

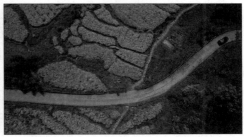

图4-54　俯视镜头　　　　　　　　　图4-55　鸟瞰镜头

- **360度环拍镜头**。360度环拍镜头是以拍摄对象为中心，以一个相对固定的半径画圆所拍摄的画面，如图4-56所示。运用这种镜头，在最终呈现的画面中能看清拍摄对象周围的景象，立体感和代入感十足。

图4-56　360度环拍镜头

- **空镜头**。空镜头是拍摄自然景物或场面环境而不出现人（主要指与剧情有关的人）的画面，如图4-57所示。空镜头有写景和写物之分，前者通称风景镜头，使用全景或远景表现；后者称细节描写，采用近景或特写表现。

图4-57　空镜头

- **长镜头**。长镜头就是用一段较长的时间（超过10秒）对一个场景或一场戏进行连续拍摄，形成一个比较完整的镜头段落。长镜头所记录的时空是连续、实际的，所表现的事态进展也是连续的，具有很强的真实性。

知识窗

第六步　拍摄镜头9

小艾好不容易将3只小猫放在一起，折腾了很久也没有拍摄到3只小猫同时转向一边的画面，只好向老李求助。老李告诉小艾，可以在公司的素材库中搜索类似素材，然后再剪辑添加到短视频中。

小艾从公司的素材库中找到了所需的视频素材，加上拍摄的5个视频素材，至此，小艾完成了整个短视频的拍摄工作。小艾将视频素材交给老李审核，老李表示所有视频素材均符合短视频脚本要求，于是让小艾开始进行短视频的剪辑工作。

 **经验之谈**

小艾拍摄和准备的6个视频素材中，既有横屏视频，也有竖屏视频，这就需要在剪辑环节统一画面比例和方向。在短视频拍摄中，应只使用一种画面比例和方向进行拍摄，保证画面的一致性，减少剪辑的工作量。

动手做

拍摄《图书馆》短视频

使用手机拍摄一个名为《图书馆》的短视频，要求如下。

1. 拍摄图书馆外观，采用中心构图+正面拍摄，先使用俯仰镜头拍摄图书馆的阶梯或大门，近景为主，然后使用拉镜头拍摄整个图书馆。

2. 拍摄图书馆内部，找一个图书馆的中心位置，如多排书架的中间位置，使用360度环拍镜头拍摄室内画面。

3. 拍摄图书馆外的绿植，采用中心构图或三分构图，将图书馆放置在画面中间或三分线处，以绿植为拍摄对象，使用推镜头方式拍摄一个空镜头。

任务三 手机短视频拍摄实战

任务描述

为了提升小艾的拍摄水平，巩固短视频拍摄的相关操作知识，老李要求小艾再拍摄一个个智能台灯使用介绍的电商短视频和一个搞笑剧情类的短视频。

任务实施

活动一 拍摄智能台灯使用介绍短视频

老李告诉小艾，很多电商类的短视频都以场景测试为主，主要通过短视频向用户全方位地展示商品的外观、材质、颜色等属性，并介绍商品的功能、使用方法、保养方法、基本维护方法等。

第一步 撰写脚本

该短视频的内容是向用户介绍智能台灯的外观、开关方法、光源调节的方法，更重要的是让用户了解这款智能台灯在使用和控制上的便捷。所以，小艾整理并撰写了一个分镜头脚本，如表4-4所示。

表4-4 《智能台灯使用介绍》分镜头脚本

镜号	景别	拍摄方式	画面内容	时间
1	远景	固定镜头	展示在台灯下阅读的整体氛围和效果	5秒
2	全景	固定镜头	旋转按钮调节台灯灯光，让用户看到按钮的灵敏度和灯光明暗的大致调节范围	6秒

镜号	景别	拍摄方式	画面内容	时间
3	中景	固定镜头	旋转灯体，让用户看到灯体的旋转程度和顺滑度	7秒
4	近景	摇镜头	展示在台灯下书写的光线效果	6秒
5	中景	固定镜头	开启手机的拍摄功能并对准台灯，通过手机屏幕向用户展示台灯并没有明显的频闪问题	3秒
6	近景	固定镜头	详细展示利用App调整台灯明暗度、灯光色彩，以及开关台灯的方法	32秒
7	中景	固定镜头	展示手动开启台灯并调节光照强度的方法	6秒
8	中景	摇镜头	从左至右向用户展示在台灯下书写的效果	4秒
9	中景	固定镜头	向用户展示在台灯下使用笔记本电脑办公的效果	3秒
10	中景	摇镜头	从左至右向用户展示台灯及其照明下的笔记本电脑	4秒

第二步　组建团队

因为有通过App控制智能台灯等操作，所以，小艾还需要一个人帮助。小艾只好从公司借调了一个摄像师，自己作为模特负责台灯操作和其他辅助工作。

第三步　设置场景

拍摄对象是智能台灯，所以小艾将拍摄场地定在室内，在办公室内搭建了一个简单的小型书房，使用的道具包括书桌、桌布、台灯、少量装饰品，以及笔记本、图书和笔记本电脑。另外，小艾还准备了一台手机，展示如何使用App控制智能台灯。

第四步　选择摄像设备

由于拍摄场景在室内，小艾选择使用手机进行拍摄，并采用现场录音方式（手机自带录音功能），另外还准备了三脚架，以及两个台灯作为辅光灯。

- **手机。** 苹果手机，内存容量为256GB。
- **稳定器。** 普通三脚架，支持固定手机。
- **补光灯。** 主要使用室内灯光作为主光，并使用两个台灯补光。

第五步　设置手机参数

小艾首先在苹果手机中设置了画幅，并打开了网格线，具体操作如图4-58所示。

步骤1：在手机主界面中点击"设置"图标，进入手机的"设置"界面，在其中选择"相机"选项。

步骤2：进入"相机"界面，在"构图"栏中向右滑动"网格"选项右侧的滑块，打开网格线，然后选择"录制视频"选项。

步骤3：进入"录制视频"界面，选择"1080p HD, 60fps"选项，完成手机参数的设置。

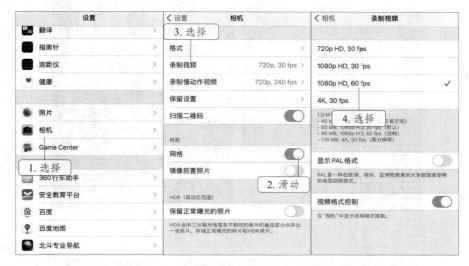

图4-58　设置手机参数

第六步 **拍摄分镜头短视频**

小艾将手机固定到三脚架上，竖屏放置，开始拍摄短视频，具体操作如下。

步骤1：拍摄镜头1。

小艾打开台灯，并拿书坐在书桌旁。使用固定镜头进行斜侧面拍摄，使用九宫格构图拍摄画面，台灯座大致位于左下的黄金分割点。整个画面要包含台灯、书桌及模特正在阅读并翻页的场景。为了不分散用户的注意力，模特在画面中应只露出少许脸部，让用户的目光聚焦于台灯或智能台灯开启后的灯光效果和阅读氛围。镜头1效果示例如图4-59所示。

步骤2：拍摄镜头2。

调整手机位置，将远景调整为全景，缩小画面的范围，构图方式调整为中心构图，将台灯移动到画面的中心。然后拍摄旋转台灯按钮，将照明强度调整到最大值的画面，目的是让用户看到智能台灯调节亮度的方法，同时让用户了解到此款台灯的最大光照强度，如图4-60所示。

图4-59　镜头1

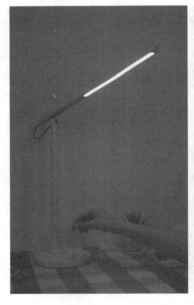

图4-60　镜头2

步骤3：拍摄镜头3。

调整手机位置，将全景调整为中景，构图方式不变。在台灯关闭的情况下，拍摄小艾用手逐渐将灯体闭合的画面，如图4-61所示，让用户了解台灯在不使用的情况下，可以折叠起来不占用过多的空间。

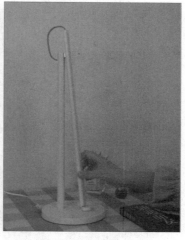

图4-61　镜头3

步骤4：拍摄镜头4。

调整手机位置，将中景调整为近景，构图方式为三分构图。使用俯视镜头+摇镜头的拍摄方式，先拍摄台灯座，然后水平移动手机，逐渐在画面中展示小艾在台灯下书写的场景，如图4-62所示，让用户感受到此款台灯可以提供舒适的光线。

图4-62　镜头4

步骤5：拍摄镜头5。

调整手机位置，将近景调整为中景，构图方式为中心构图。将道具手机放置在拍摄短视频的手机前，进入拍照模式，拍摄台灯画面，让用户了解台灯不会出现频闪，展示台灯光源的稳定性。然后将道具手机移开，露出后面的台灯，增强画面的真实感。镜头5效果示例如图4-63所示。

图4-63　镜头5

步骤6：拍摄镜头6。

将道具手机放置在拍摄短视频的手机前，将台灯作为背景，打开智能台灯需连接的App，将拍摄重点集中到App操作上，拍摄通过App开启台灯、调整亮度、更换灯光颜色、关闭台灯等操作，如图4-64所示。

图4-64　镜头6

步骤7：拍摄镜头7。

拍摄小艾手动打开台灯并调整光照强度的操作，如图4-65所示，一方面加深用户对基本操作的了解，另一方面让用户感受到操作的简单和方便。

图4-65　镜头7

步骤8：拍摄镜头8。

调整手机的拍摄角度，进行正侧面拍摄，使用摇镜头再一次拍摄小艾在台灯下书写的画面，如图4-66所示。

图4-66　镜头8

步骤9：拍摄镜头9。

调整手机位置，采用斜侧面拍摄，构图方式为三分构图。拍摄小艾在台灯下使用便携式计算机的画面，如图4-67所示。

图4-67　镜头9

步骤10：拍摄镜头10。

调整手机位置，使用正面拍摄，构图方式为中心构图。从左至右使用摇镜头拍摄台灯和便携式计算机，营造一种精巧别致的场景氛围，如图4-68所示。

图4-68　镜头10

活动二 拍摄搞笑剧情类短视频

搞笑剧情类短视频更贴近影视剧的拍摄制作，景别、构图和拍摄要求都更加专业，演员的表演也要自然、生动。为了拍摄好这个短视频，老李让小艾兼任编剧和导演，并允许从公司借调演员和摄像，全面负责这个短视频的拍摄。

第一步 内容策划

小艾拍摄的短视频是一个搞笑剧情类短视频，名为《比赛》，其内容主要是父亲正在数落儿子，母亲看到后劝说父亲，然后了解到事情的具体情况后，自己教育的事情。整个短视频内容简短，通过父母双方的对话和动作，展现出了搞笑氛围。

第二步 撰写脚本

小艾整理并撰写了一个分镜头脚本，如表4-5所示。

表4-5 《比赛》分镜头脚本

镜号	景别	拍摄方式	画面内容	时间
1	中景	固定镜头	父亲正在大声数落儿子，母亲看到后及时制止	4秒
2	近景	拉镜头	父亲向母亲解释自己生气的原因	3秒
3	中景	固定镜头	母亲听后仍然不明白儿子犯错的原因，并继续询问父亲	5秒
4	中景	固定镜头	父亲继续解释	4秒
5	近景	固定镜头	母亲继续询问	2秒
6	中景	固定镜头	父亲说明儿子犯错的真实原因	3秒
7	近景	固定镜头	母亲听到原因后十分震惊	1秒
8	中景	固定镜头	母亲决定自己教育儿子	4秒

第三步 组建团队

虽然小艾作为导演兼编剧，但拍摄这个短视频至少还需要一个摄像和男、女主角。由于短视频中儿子的角色不需要露脸，因此该角色可以由摄像人员扮演。

第四步 设置场景

该短视频中的场景全部都在室内，因此将家中的客厅作为拍摄场地。拍摄时根据客厅的光照强度选择顺光拍摄，并在拍摄对象侧后方使用补光灯来增强立体效果。另外，打开客厅的顶灯，并将光线调整到最强。

第五步 **选择摄像设备**

由于主要场景在室内，小艾选择使用手机来拍摄，并采用指向性话筒现场录音，另外还准备了三脚架，以及两个台灯作为辅光灯。

- **手机。**苹果手机，内存容量为256GB。
- **话筒。**指向性话筒。
- **稳定器。**普通三脚架，支持固定手机。
- **补光灯。**主要使用自然光作为主光，并配合室内顶灯及两个台灯补光。

第六步 **设置手机参数**

将画幅设置为"1080p HD, 60fps"，并打开网格线。

第七步 **拍摄分镜头短视频**

小艾将手机固定到三脚架上，把话筒连接到手机的话筒接口并固定话筒，然后将手机横屏放置；接着将两个台灯放置在手机左右两侧1米位置作为辅光灯，让女演员面向客厅阳台，男演员侧向客厅阳台，开始拍摄短视频。拍摄分镜头短视频的具体操作如下。

步骤1：拍摄镜头1。

画面中只有父亲一人，父亲应处于画面三分线位置（使用中景，正侧面拍摄）。父亲表情严肃，举起左手指向儿子，大声地说教。此时母亲从画面远处过来，处于画面的中间位置（正面拍摄），母亲拉开儿子，对着父亲说："小声点，儿子怎么了？"镜头1效果示例如图4-69所示。

图4-69　镜头1

步骤2：拍摄镜头2。

移动手机到父亲正面，使用近景拍摄，父亲处于画面中间位置，母亲则斜侧面拍摄，在画面中露出部分头，如图4-70所示。父亲情绪激动地告诉母亲："儿子又跟人比赛！"在说话的时候，父亲要展现出生气的神情和动作，同时使用拉镜头逐渐从近景拉到中景。

图4-70 镜头2

步骤3：拍摄镜头3。

移动手机到母亲斜侧面，使用中景拍摄，母亲处于画面中间位置，父亲同样斜侧面拍摄，在视频画面露出部分身体，如图4-71所示。母亲耐心地与父亲交流，告诉他："没事儿，好事情呀！有竞争才有进步！"母亲说话时要配合一定的手部动作让对话场面显得更加自然、真实。

图4-71 镜头3

步骤4：拍摄镜头4。

移动手机到父亲斜侧面，使用中景拍摄，父亲大致处于画面三分线位置，母亲则侧面拍摄，露出部分头，如图4-72所示。父亲说："他比赛的是谁跳得远！"父亲说话声音要很大，体现出生气和激动的心情。

步骤5：拍摄镜头5。

移动手机到母亲斜侧面，使用近景拍摄，母亲处于画面中间位置，父亲则斜侧面拍摄，仅露出一点身体，如图4-73所示。母亲听到儿子和同学比赛谁跳得远时，将双手紧握抬于胸前，眼神充满期待，询问父亲："那结果呢？"

图4-72　镜头4

图4-73　镜头5

步骤6：拍摄镜头6。

移动手机到父亲斜侧面，使用中景拍摄，父亲大致处于画面三分线位置，母亲侧面拍摄，露出部分头，如图4-74所示。父亲哭笑不得地向母亲说道："你儿子跳得最远，都跳到臭水沟里了！"父亲在说话过程中要体现出想要生气又生不起气来、内心矛盾和无奈的感觉。

图4-74　镜头6

步骤7：拍摄镜头7。

移动手机到母亲斜侧面，使用近景拍摄，母亲处于画面九宫格的黄金分割点位置，父亲斜侧面拍摄，仅露出一点身体。当母亲了解儿子犯错的原因后，一方面要表现出非常惊讶，另一方面要表现出恍然大悟。例如，母亲睁大眼睛，张开嘴巴却不说话，表情非常吃惊，如图4-75所示。

图4-75 镜头7

步骤8：拍摄镜头8。

移动手机到镜头1的拍摄位置，使用中景拍摄，两人分别处于画面的三分线位置，以斜侧面和正面拍摄为主。母亲听到父亲的话后，从惊讶中回过神来，这才想起还有一大盆儿子的脏衣服要洗，于是快速挽起袖子就准备去教育儿子，并在这个过程中告诉父亲："你休息！让我来！"镜头8效果示列如图4-76所示。

图4-76 镜头8

💡 **知识窗**

不同类型的短视频，拍摄时使用的景别、构图和镜头类型是不同的，特别是在使用横屏方式拍摄时。下面介绍几种横屏短视频的常用拍摄技巧。

- **生活Vlog**。拍摄这类短视频通常采用"中景+三分构图或九宫格构图"的方式，在画面中采用"人物+事物"的组合来表现生活气息。例如，通过一盆绿植和人敲击键盘的画面来表现工作状态。

- **经验分享**。许多美妆和商品评测的短视频都采用"中近景+特写+中心构图"的方式拍摄，以将用户的视线聚集在商品或人脸等拍摄对象上。

- **街头采访。**这类短视频通常使用"固定镜头+中近景"方式拍摄。由于在室外拍摄，大多使用云台连接摄像设备来固定镜头，保证用户能够看清楚拍摄对象的举止神态及周围环境。
- **自拍。**自拍短视频多以"中近景+平视镜头或俯视镜头"方式拍摄。

同步实训

实训一　拍摄电商短视频《长尾夹》

实训描述

以短视频运营者的身份，为某办公品牌拍摄长尾夹商品展示的短视频，以用在其官方网站的主页中。本次实训要求同学们根据拍摄短视频的相关思路来进行操作，主要包括创作脚本、设置场景、选择设备和拍摄4个主要步骤。

操作指南

长尾夹是一种常见的办公文具，且使用方法较为简单，因此，可以考虑从精致、小巧、美观等角度向用户展示长尾夹，配合灵活多变的运镜技巧充分体现长尾夹的特色。请同学们按照以下步骤进行实训。

步骤1：首先撰写分镜头脚本，如表4-6所示。

表4-6　《长尾夹》分镜头脚本

镜号	景别	拍摄方式	画面内容	时间
1	近景	360度环拍镜头	整齐排列各种颜色的长尾夹，拍摄其外观和颜色	2秒
2	近景	摇镜头	从左至右展示排列的各种颜色的长尾夹	2秒
3	近景	推镜头	逐渐将画面放大，让长尾夹以从远到近的方式呈现在画面中	3秒
4	中景	固定镜头	以书本为道具，拍摄将长尾夹夹到书本上的画面	2秒
5	近景	固定镜头	拍摄使用长尾夹的画面	3秒
6	中景	推镜头	拍摄不同尺寸的长尾夹从远到近的展示画面	2秒

步骤2：在室内拍摄可以将办公桌或课桌作为拍摄场地，并在上面铺上白纸、白布或白色的书本。准备若干个不同颜色的长尾夹，将其整齐排列在桌面上。

步骤3：使用手机拍摄，先设置画幅和打开网格线。为了避免单个灯光产生的阴影，需要2～3个补光灯，可以用台灯进行补光。

步骤4：将焦点对准某一个长尾夹，360度旋转手机拍摄排列好的所有长尾夹。

步骤5：从左至右使用摇镜头拍摄长尾夹，进一步让用户感受到长尾夹的精致、小巧和美观。从全景到近景使用推镜头拍摄长尾夹。

步骤6：让助手拿起准备好的本子，将一个长尾夹轻松且娴熟地夹到本子上，摄影师将这一过程通过中景、固定镜头拍摄下来，选用对角线构图。

步骤7：助手拿起一个长尾夹，轻松展示长尾夹的使用方法，将这一过程同样通过近景、固定镜头拍摄下来。将不同尺寸的长尾夹摆放好，通过水平推镜头的方式进行拍摄，让用户了解长尾夹的不同尺寸。

电商短视频《长尾夹》效果示例如图4-77所示。

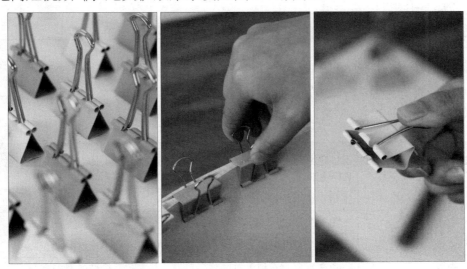

图4-77 电商短视频《长尾夹》

💬 **实训评价**

完成实训操作后，提交实训报告。老师根据实训报告内容，按表4-7所示内容进行打分。

表4-7 实训评价

序号	评分内容	总分	老师打分	老师点评
1	了解短视频拍摄的常用设备	20		
2	根据短视频脚本选用合适的拍摄设备的能力	20		
3	正确选择短视频拍摄的场地的能力	20		
4	正确选择短视频拍摄的道具的能力	10		
5	独立完成短视频拍摄工作的能力	30		

合计：_____

实训二　拍摄剧情类短视频《回家》

实训描述

根据已经创作好的分镜头脚本拍摄剧情类短视频，更好地掌握使用手机拍摄短视频的相关操作。本次实训要求同学们分组参与，以短视频运营团队的方式分工合作，拍摄短视频。在实训开展前，要求各小组如实填写小组信息。

（1）小组人数：_____人。

（2）小组组长：_____。

（3）小组成员：_____。

操作指南

创作好的分镜头脚本，如表4-8所示。

表4-8 《回家》分镜头脚本

镜号	景别	拍摄方式	画面内容	时间
1	中景	固定镜头	KTV包间里大家都在唱歌玩耍，主角却在埋头看手机	4秒
2	近景		主角手机上所输入的信息内容	5秒
3	全景		主角与朋友快乐地玩耍	12秒
4	全景		以另一个角度拍摄主角与朋友聊天的画面	6秒
5	中景		主角在娱乐时看到手机屏幕亮起来，并拿起手机准备看内容	11秒
6	近景		主角手机屏幕上的内容	3秒
7	中景		主角看到信息后，拿着手机显得有点不耐烦	6秒
8	全景		主角重新拿起手机回复信息	10秒
9	近景		主角继续用手机回复信息	6秒
10	中景		主角继续和朋友玩耍，这时看到手机有回复信息，并拿起手机查看	10秒

续表

镜号	景别	拍摄方式	画面内容	时间
11	近景	推镜头	主角看到信息后流泪	6秒
12	中景	跟镜头	主角在室外街道飞奔	4秒

请按照以下步骤进行实训。

步骤1：根据分镜头脚本规划内容。《回家》是一个温情的剧情类短视频，其内容主要是孩子与朋友聚会时告诉父母过年回不了家，在这个过程中，孩子通过与母亲的几次微信交流，感受到了父母盼望自己回家的心情，于是改变决定，回家过年的事情。整个短视频的主题是亲情，主要利用微信交流和后期字幕来体现父母期盼与孩子相聚的感情。

步骤2：组建一个拍摄团队。演员至少要3个人，一个人为主角（男女不限），另外两个人饰演朋友，另外需要导演和摄像各一人。

步骤3：确定场景。主要拍摄场所在室内，可以找一个KTV包间，也可以在房间（布置成KTV包间）内拍摄；另外，分镜头脚本最后一幕在室外拍摄。

步骤4：准备相关道具和服装，包括手机、饮料、杯子、唱歌用的话筒、主角戴的眼镜，以及一双运动鞋。

步骤5：以中景、中心构图方式，斜侧面拍摄主角埋头摆弄手机，双手拇指飞快地点击屏幕上的键盘的画面。

步骤6：以近景、九宫格构图方式，斜侧面拍摄主角使用手机进行交流的画面。手机位于黄金分割点，剪辑时需要加上与手机屏幕所显示信息相同的字幕，内容是："妈，今年公司很忙，过年可能要加班，回不来了。"

步骤7：调整手机位置，以全景、中心构图方式，正面拍摄主角发完信息后，开始愉快地与朋友唱歌玩耍的画面。画面中出现所有演员，并展示出桌面上的各种物品，表现出大家尽情娱乐的状态。

步骤8：调整手机位置，以全景、中心构图方式，斜侧面拍摄所有演员娱乐玩耍的画面。主角需要有与朋友聊天和举杯的动作，展现主角在告诉母亲不回家过年后，完全沉浸在娱乐玩耍的状态，进一步为后面的反转渲染气氛。

步骤9：调整手机位置，以中景、中心构图方式，斜侧面拍摄主角听朋友唱歌的画面。此时主角放在桌上的手机幕亮起，他慢慢拿起手机，准备查看具体内容。

步骤10：以近景、九宫格构图方式，斜侧面拍摄主角使用手机进行交流的画面。手机位于黄金分割点，同样需要在剪辑时添加字幕。母亲的回复内容是："好的，儿子，在外面不要省钱，吃好点。妈妈想你了，有时间给妈妈发个视频。"

步骤11：调整手机位置，以中景、中心构图方式，斜侧面拍摄主角看了母亲回复的内容后，显得有些不耐烦的神态。

步骤12：调整手机位置，以全景、中心构图方式，斜侧面拍摄主角正在与朋友聊天，又觉得不回复母亲的信息似有不妥，于是重新拿起手机发送信息的画面。

步骤13：调整手机位置，以近景、中心构图方式，斜侧面拍摄衔接主角上一个回复消息的动作的画面。剪辑时添加主角回复母亲的信息，内容为："妈，爸呢？"

步骤14：调整手机位置，以中景、中心构图方式，正面拍摄主角手机屏幕再次亮起，他拿起手机的画面。剪辑时添加母亲的回复信息，内容为："你爸以为你今天要回来，现在正在外面等你，不过你放心，他穿着你买给他的羽绒服，一点都不冷。"

步骤15：使用推镜头切换到近景，此时主角看到母亲回复的信息后，摘下眼镜，轻拭眼角的泪水。

步骤16：转到室外街道，以中景、中心构图方式，从正侧通过跟镜头的方式拍摄主角奔跑的画面，以开放式结局给用户更多的想象空间。

💬 实训评价

完成实训操作后，进行讨论交流，并派选代表发表总结。老师根据总结内容按表4-9所示内容进行打分。

表4-9　实训评价

被评小组：　　　　　　　　　　　　　　　　　　　　　　　　　小组成员：

序号	评分内容	总分	老师打分	老师点评
1	了解短视频的景别、构图和镜头	20		
2	根据短视频脚本设置拍摄的景别的能力	20		
3	根据短视频脚本进行画面构图	20		
4	正确运用各种拍摄镜头的能力	20		
5	拍摄的短视频是否清晰、完整	20		

合计：＿＿＿＿＿＿＿＿

项目总结

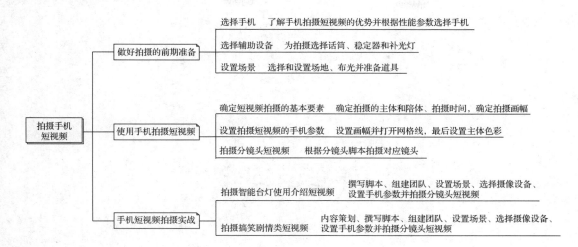

项目五
剪辑短视频

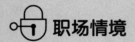 职场情境

　　小艾准备将短视频素材全部从手机中导入计算机，使用专业的视频剪辑软件Premiere Pro 2020进行分割、删除、组合和拼接，并添加字幕、背景音乐和特效，以及添加片头和片尾等，制作成一个连贯流畅、主题鲜明的精彩短视频。小艾常用剪映App直接在手机上剪辑短视频，于是老李要求小艾在手机上再剪辑一个同样的短视频，在拼接组合、特效音乐等方面做一些小改动，给客户提供更多的选择。

🔒 学习目标

✈ 知识目标

1．了解剪辑短视频的基础知识。

2．掌握剪辑短视频的方法。

✈ 技能目标

1．能够使用Premiere和剪映App剪辑短视频。

2．能够胜任短视频后期制作、片头片尾的制作等工作。

✈ 素养目标

1．具备动手能力和实践能力。

2．通过剪辑传播"真、善、美"的主流价值观，为社会主义精神文明建设添砖加瓦。

任务一 使用Premiere剪辑短视频

👤 任务描述

Premiere是一款专业的视频编辑软件，具备多轨道剪辑、特效和音频处理、色彩调制及字幕添加等功能，可用于制作优质的短视频作品。老李要求小艾使用Premiere将拍摄的短视频素材进行裁剪和组合、调色、添加背景音乐和音效、设置转场、制作片头和片尾等工作，呈现一个完整的短视频作品。

👤 任务实施

👤 活动一 准备视频素材文件

由于短视频素材大多是使用手机拍摄的，所以，在剪辑短视频前，小艾需要将手机中拍摄的素材文件导入计算机中。

第一步 连接手机和计算机

小艾首先连接了手机和计算机，具体操作如下。

步骤1：找到手机的数据线，将较小的接头（这里该接头的型号为Type-C）插入手机接口，如图5-1所示。

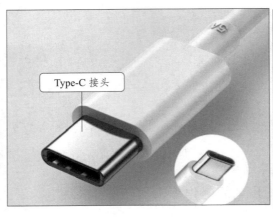
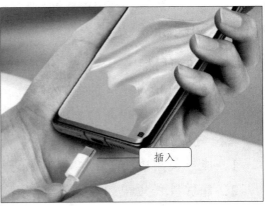

图5-1　插入手机接口

步骤2：将数据线较大的接头（这里该接头的型号为USB，如图5-2所示）插入机箱对应的接口（通常称作USB接口）中。

步骤3：连接好后，计算机将自动检测并安装和手机进行信息传输所需的程序。而手机屏幕中将弹出对话框，提示选择USB的连接方式，点击选中"传输文件"单选项，如图5-3所示，完成连接手机和计算机的操作。

图5-2　USB接头　　　　　　　　　图5-3　选择USB连接方式

第二步 导入素材文件

微课视频

导入素材文件

小艾通过计算机找到了手机拍摄的素材文件，然后将其导入计算机中，具体操作如下。

步骤1：在计算机桌面上双击"此电脑"图标，打开"此电脑"窗口，在"设备和驱动器"栏中找到并选择"HUAWEI P40 Pro"选项，如图5-4所示。

步骤2：在"HUAWEI P40 Pro\内部存储\DCIM\Camera"文件夹中找到并选择拍摄的5个素材文件，如图5-5所示。

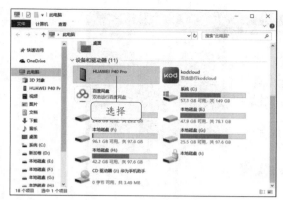

图5-4　在计算机中找到手机

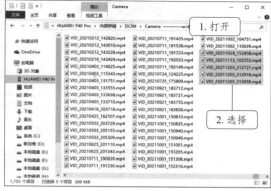

图5-5　选择拍摄的素材文件

步骤3：按【Ctrl+C】组合键复制这5个素材文件，然后打开计算机中保存素材文件的文件夹，按【Ctrl+V】组合键粘贴到其中，如图5-6所示。

✎ **经验之谈**

　　不同品牌的手机数据线接头可能不同，拍摄的素材文件的保存位置也可能不同，但与计算机的连接方式和操作基本相同。

步骤4：在素材文件上右击，在弹出的快捷菜单中选择"重命名"选项，依次为文件修改名字，效果如图5-7所示。

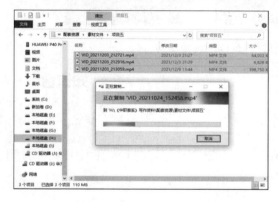

图5-6　导入素材文件

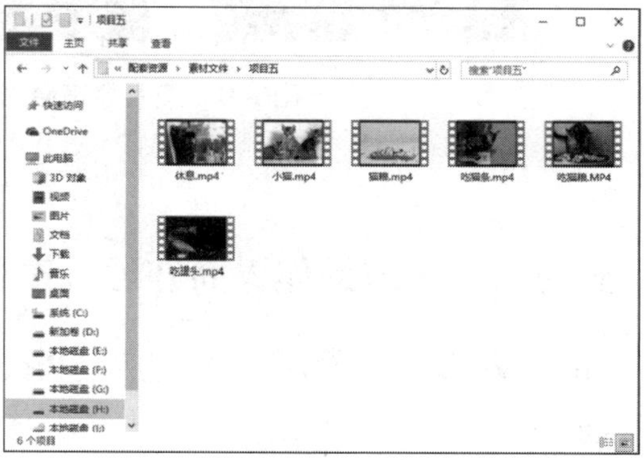

图5-7　重命名素材文件

💡 **知识窗**

除Premiere外，爱剪辑和会声会影也是比较常用的短视频剪辑软件。

- **爱剪辑**。爱剪辑是一款免费的视频剪辑软件，支持给视频添加字幕、调色、添加相框等，并具备操作简单、画质高清、运行速度快、特效丰富、滤镜效果专业、视频切换效果炫目等特点。图5-8所示为爱剪辑的操作界面。

图5-8　爱剪辑的操作界面

- **会声会影。**会声会影是COREL公司开发的一款功能强大的视频编辑软件，其将视频剪辑操作简化为多个功能模块，简洁易懂、操作简便，几乎满足了短视频剪辑的各种需求，甚至可以进行专业级的影视片段剪辑工作。图5-9所示为使用会声会影制作短视频的简单步骤。

图5-9　使用会声会影制作短视频的简单步骤

活动二　认识操作界面并导入素材

准备好素材文件后，小艾启动Premiere Pro 2020，正式开始使用软件剪辑短视频。

第一步　启动Premiere Pro 2020

小艾双击计算机桌面上的快捷图标启动Premiere Pro 2020，如图5-10所示。

经验之谈

单击计算机桌面左下角的"开始"按钮，在弹出的菜单中选择"Adobe Premiere Pro 2020"选项，如图5-11所示，也可以启动Premiere Pro 2020。

图5-10　通过快捷图标启动　　　　图5-11　通过"开始"菜单启动

第二步 新建项目

微课视频

新建项目

启动Premiere Pro 2020后，小艾首先新建一个项目来保存视频剪辑的所有内容，具体操作如下。

步骤1：启动Premiere Pro 2020，软件自动打开"主页"窗口，单击"新建项目"按钮，如图5-12所示。

步骤2：打开"新建项目"对话框，在"名称"文本框中输入"艾笨笨的日常生活"，然后单击"位置"下拉列表框右侧的"浏览"按钮，打开"请选择新项目的目标路径。"对话框，在其中选择保存项目的文件夹，单击"选择文件夹"按钮，返回"新建项目"对话框，单击"确定"按钮，如图5-13所示。

图5-12　打开"主页"窗口

图5-13　新建项目

第三步 设置竖屏模式

进入Premiere Pro 2020的操作界面后，小艾将默认的横屏模式设置为了竖屏，具体操作如下。

步骤1：选择【文件】/【新建】/【序列】命令，打开"新建序列"对话框。

步骤2：单击"设置"选项卡，在"编辑模式"下拉列表框中选择"自定义"选项，在"视频"栏的"帧大小"选项的"水平"数值框中输入"1080"，在"垂直"数值框中输入"1920"，在"像素长宽比"下拉列表框中选择"方形像素(1.0)"选项，单击"确定"按钮，如图5-14所示。

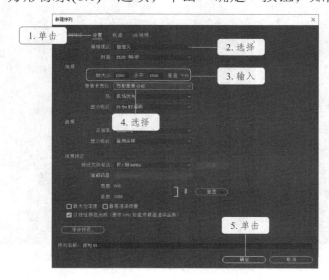

图5-14　设置视频画面的长宽比

步骤3：返回Premiere Pro 2020的操作界面，在菜单栏下面单击"编辑"选项卡，如图5-15所示，进入编辑模式。

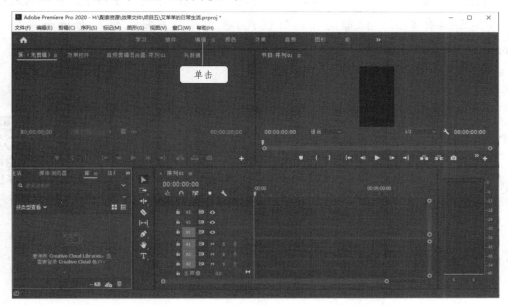

图5-15　编辑模式的操作界面

知识窗

Premiere提供了多种工作模式，包括学习、组件、编辑、颜色、效果、音频、图形、库，每种模式对应不同的操作界面。编辑模式界面是剪辑短视频的基本操作界面，包含项目、源、时间轴和节目4种面板。

- **项目面板。** 项目面板用于管理视频素材，如导入的视频素材和新建的素材，也可用于建立序列文件。
- **源面板。** 源面板用于预览视频素材的效果，也可用于对该视频素材进行简单的标记。
- **时间轴面板。** 时间轴面板用于实现对素材的剪辑、插入、复制、粘贴和修整等操作，也可用于实现在素材中添加各种特效。
- **节目面板。** 节目面板主要功能是预览剪辑的视频效果。

拓展阅读

Premiere的
常用面板

　　知识窗

✎ **经验之谈**

Premiere常用的模式主要包括编辑、颜色、效果、音频和图形等，不同模式的操作界面略有不同，但都是在编辑模式4种面板的基础上增加面板而成的。Premiere中的面板不但可以调整大小，还可以组合、拆分、打开和关闭。

第四步 导入视频素材

小艾将准备好的视频素材都导入Premiere中，具体操作如下。

步骤1：选择【文件】/【导入】命令（或在项目面板的"导入媒体以开始"空白处双击，如图5-16所示）。

步骤2：打开"导入"对话框，打开素材文件所在的文件夹，选择所有素材文件（配套资源：\素材文件\项目五\猫粮.mp4、吃猫粮.MP4、休息.mp4、小猫.mp4、吃猫条.mp4、吃罐头.mp4），单击"打开"按钮，如图5-16所示。

微课视频

导入视频素材

图5-16 导入视频素材

步骤3：将所有视频素材都导入Premiere中，在项目面板中可以查看导入的所有视频素材，如图5-17所示。

图5-17 导入的视频素材

✎ 经验之谈

在Premiere Pro 2020中导入视频素材，有时会打开如图5-18所示的提示框，如果不处理，在剪辑视频时就会继续出现"MME设备内部错误"的提示，导致视频素材播放时没有声音。解决这个问题的方法是：选择【编辑】/【首选项】/【音频硬件】命令，打开"首选项"对话框，单击左侧的"音频硬件"选项卡，在右侧的"默认输入"下拉列表框中选择"无输入"选项，如图5-19所示，然后单击"确定"按钮即可。

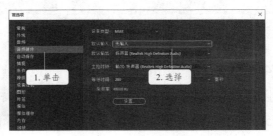

图5-18 提示框　　　　　图5-19 停止输入设备

🎁 动手做

创建短视频项目

在计算机中安装Premiere Pro 2020，然后创建一个名为"美丽校园"的项目，将其保存到D盘新建的"美丽校园"文件夹中。

👤 活动三　裁剪和组合短视频

导入视频素材后，小艾需要根据分镜头脚本的设定，将视频素材剪辑成9个不同的片段，然后组合成完整的短视频。

第一步 剪辑镜头1

微课视频

剪辑镜头1

剪辑镜头1，需要从"休息.mp4"素材中裁剪3秒的片段，具体操作如下。

步骤1：在项目面板中双击导入的"休息.mp4"视频素材，使其在源面板中显示。

步骤2：在源面板下的时间轴中，拖动滑块，定位到"00:00:00:00"位置，在下方的工具栏中单击"标记入点"按钮，为裁剪的视频设定开始位置，如图5-20所示。

步骤3：继续拖动滑块，定位到"00:00:02:59"位置，在下方的工具栏中单击"标记出点"按钮，为裁剪的视频设定结束位置，如图5-21所示。

图5-20　标记入点　　　　　　　　　图5-21　标记出点

步骤4：拖动"休息.mp4"素材到"序列01"时间轴面板中，这时将弹出"剪辑不匹配警告"提示框，单击"保持现有设置"按钮，如图5-22所示。

步骤5：将裁剪好的视频从"项目：艾笨笨的日常生活"项目面板中拖动到"序列01"时间轴面板中，并使其在节目面板中显示，拖动时间轴面板下方的滑块调整时间轴的显示长度，如图5-23所示。

图5-22　警告提示框　　　　　　　　图5-23　调整时间轴长度

✐ 经验之谈

　　这里出现剪辑不匹配警告的原因是视频素材是横屏模式，需要在Premiere中将其调整为竖屏模式。

步骤6：在时间轴面板中单击视频素材"休息.mp4"，单击"效果"选项卡，进入效果模式，在源面板的"效果控件"选项卡的"视频"栏下的"旋转"数值框中输入"-90.0°"，将视频素材调整为竖屏模式，如图5-24所示，完成镜头1的剪辑操作。

图5-24 旋转视频素材

第二步 剪辑镜头2

剪辑镜头2，需要从"休息.mp4"视频素材中裁剪3秒艾笨笨抬头的片段，具体操作如下。

步骤1：单击"编辑"选项卡，返回编辑模式，在项目面板中双击"休息.mp4"视频素材，在源面板中拖动滑块寻找艾笨笨抬头的视频画面，定位到"00:01:15:00"位置，单击"标记入点"按钮，将其标记为入点，继续拖动滑块，定位到"00:01:17:59"位置，单击"标记出点"按钮，将其标记为出点，如图5-25所示。

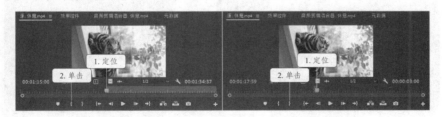

图5-25 标记入点和出点（剪辑镜头2）

步骤2：将裁剪好的视频从项目面板中拖动到"序列01"时间轴面板中，将其放置在V1视频轨道中视频素材"休息.mp4"右侧，在时间轴面板中拖动滑块，在节目面板中显示视频素材的画面，如图5-26所示。

步骤3：单击"效果"选项卡，用同样的方法将视频素材调整为竖屏模式。

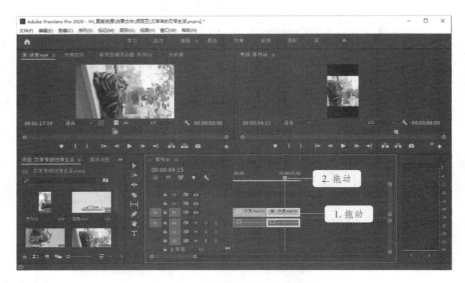

图5-26　裁剪和显示视频素材

步骤4：在时间轴面板中右侧的"休息.mp4"上右击，在弹出的快捷菜单中选择"重命名"选项。

步骤5：打开"重命名剪辑"对话框，在"剪辑名称"文本框中输入"镜头2.mp4"，单击"确定"按钮，如图5-27所示。

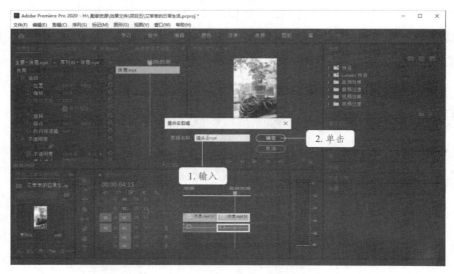

图5-27　重命名视频素材

步骤6：用同样的方法将左侧的"休息.mp4"重命名为"镜头1.mp4"，完成镜头2的剪辑操作。

创建一个新的短视频项目

打开Premiere Pro 2020，创建一个新的项目，将"风景.mp4"（配套资源：\素材文件\项目五\风景.mp4）导入项目中，看看节目面板中的视频是竖屏还是横屏的。

第三步 剪辑镜头3

微课视频

剪辑镜头3

剪辑镜头3，需要从"猫粮.mp4"视频素材中裁剪2秒的片段，具体操作如下。

步骤1：单击"编辑"选项卡，返回编辑模式，在项目面板中双击导入的"猫粮.mp4"视频素材，使其在源面板中显示。

步骤2：在源面板中拖动滑块寻找猫粮落入盘中的视频画面，定位到"11:50:09:30"位置，单击"标记入点"按钮，将其标记为入点，继续拖动滑块，定位到"11:50:11:29"位置，单击"标记出点"按钮，将其标记为出点，如图5-28所示。

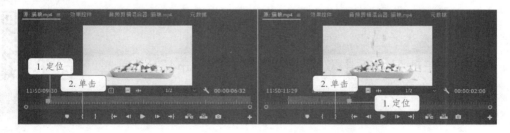

图5-28 标记入点和出点（剪辑镜头3）

步骤3：将裁剪好的视频素材从项目面板中拖动到"序列01"时间轴面板中，将其放置在"镜头2.mp4"右侧，在时间轴面板中拖动滑块，在节目面板中显示视频素材的画面。

步骤4：在时间轴面板中单击视频素材"猫粮.mp4"，在节目面板中双击视频素材，显示大小调节框，拖动任意调节点调整画面大小，并拖动剪辑画面到竖屏背景的中间位置，如图5-29所示。

步骤5：在时间轴面板中将视频素材"猫粮.mp4"重命名为"镜头3.mp4"，完成镜头3的剪辑操作。

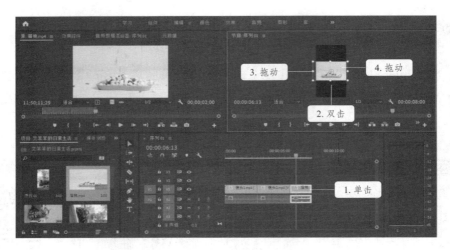

图5-29　调整视频素材的大小和位置（剪辑镜头3）

✏️ **经验之谈**

在使用Premiere创建和编辑短视频的过程中，应随时进行保存，选择【文件】/【保存】命令，或者按【Ctrl+S】组合键即可。

第四步　剪辑镜头4

剪辑镜头4，需要从"休息.mp4"视频素材中裁剪2秒艾笨笨看向摄像镜头的片段，具体操作如下。

微课视频

剪辑镜头4

步骤1：在项目面板中双击导入的"休息.mp4"视频素材，在源面板中拖动滑块寻找猫看向摄像镜头的画面，定位到"00:02:47:30"位置，将其标记为入点，继续拖动滑块，定位到"00:02:49:29"位置，将其标记为出点。

步骤2：将裁剪好的视频素材从项目面板中拖动到"序列01"时间轴面板中，将其放置在视频素材"镜头3.mp4"右侧，在时间轴面板中拖动滑块，在节目面板中显示视频素材的画面。

步骤3：单击"效果"选项卡，将视频素材画面调整为竖屏模式。

步骤4：在时间轴面板中将视频素材"休息.mp4"重命名为"镜头4.mp4"，完成镜头4的剪辑操作。

第五步　剪辑镜头5

剪辑镜头5，需要从"吃猫粮.mp4"视频素材中裁剪2秒的片段，具体操作如下。

微课视频

剪辑镜头5

步骤1：单击"编辑"选项卡，返回编辑模式，在项目面板中双击导入的"吃猫粮.mp4"视频素材，使其在源面板中显示。

步骤2：在源面板中拖动滑块寻找猫吃猫粮的画面，定位到"00:00:54:00"位置，将其标记为入点，继续拖动滑块，定位到"00:00:56:29"位置，将其标记为出点。

步骤3：将裁剪好的视频素材从项目面板中拖动到"序列01"时间轴面板中，将其放置在视频素材"镜头4.mp4"右侧，在时间轴面板中拖动滑块，在节目面板中显示视频素材的画面。

步骤4：在时间轴面板中单击视频素材"吃猫粮.MP4"，在节目面板中双击视频素材画面，拖动调整画面大小以填满整个视频背景框，如图5-30所示。

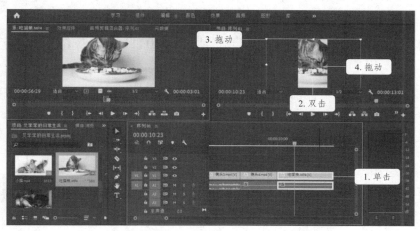

图5-30　调整视频素材的大小和位置（剪辑镜头5）

步骤5：在时间轴面板中将视频素材"吃猫粮.mp4"重命名为"镜头5.mp4"，完成镜头5的剪辑操作。

第六步　剪辑镜头6

剪辑镜头6，需要从"吃猫条.mp4"视频素材中裁剪3秒的片段，具体操作如下。

步骤1：在项目面板中双击导入的"吃猫条.mp4"视频素材，在源面板中拖动滑块寻找猫吃猫条的画面，定位到"00:00:17:30"位置，将其标记为入点，继续拖动滑块，定位到"00:00:20:29"位置，将其标记为出点。

步骤2：将裁剪好的视频从项目面板中拖动到"序列01"时间轴面板中，

微课视频

剪辑镜头6

将其放置在视频素材"镜头5.mp4"右侧，在时间轴面板中拖动滑块，在节目面板中显示视频素材的画面。

步骤3：单击"效果"选项卡，将视频素材画面调整为竖屏模式。

步骤4：在时间轴面板中将视频素材"吃猫条.mp4"重命名为"镜头6.mp4"，完成镜头6的剪辑操作。

第七步 剪辑镜头7

微课视频

剪辑镜头7

剪辑镜头7，需要从"吃罐头.mp4"视频素材中裁剪3秒的片段，具体操作如下。

步骤1：单击"编辑"选项卡，返回编辑模式，在项目面板中双击导入的"吃罐头.mp4"视频素材，在源面板中拖动滑块寻找猫吃罐头的画面，定位到"00:01:15:30"位置，将其标记为入点，继续拖动滑块，定位到"00:01:18:29"位置，将其标记为出点。

步骤2：将裁剪好的视频从项目面板中拖动到"序列01"时间轴面板中，将其放置在视频素材"镜头6.mp4"右侧，在时间轴面板中拖动滑块，在节目面板中显示视频素材的画面。

步骤3：单击"效果"选项卡，将视频素材画面调整为竖屏模式。

步骤4：在时间轴面板中将视频素材"吃罐头.mp4"重命名为"镜头7.mp4"，完成镜头7的剪辑操作。

第八步 剪辑镜头8

微课视频

剪辑镜头8

剪辑镜头8，需要从"吃罐头.mp4"视频素材中裁剪4秒两只猫同时出现的片段，具体操作如下。

步骤1：单击"编辑"选项卡，返回编辑模式，在源面板中拖动滑块寻找两只猫同时出现的画面，定位到"00:02:37:30"位置，将其标记为入点，继续拖动滑块，定位到"00:02:41:29"位置，将其标记为出点。

步骤2：将裁剪好的视频从项目面板中拖动到"序列01"时间轴面板中，将其放置在视频素材"镜头7.mp4"右侧，在时间轴面板中拖动滑块，在节目面板中显示视频素材的画面。

步骤3：单击"效果"选项卡，将视频素材画面调整为竖屏模式，如图5-31所示。

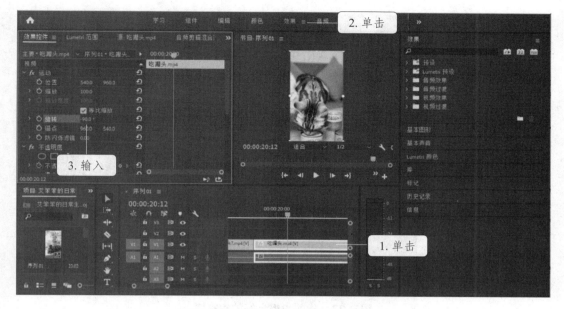

图5-31　将视频素材调整为竖屏模式

步骤4：在时间轴面板中将视频素材"吃罐头.mp4"重命名为"镜头8.mp4"，完成镜头8短视频的剪辑操作。

第九步　**剪辑镜头9**

剪辑镜头9，需要从"小猫.mp4"视频素材中裁剪9秒的片段，具体操作如下。

微课视频
剪辑镜头9

步骤1：单击"编辑"选项卡，返回编辑模式，在项目面板中双击导入的"小猫.mp4"视频素材，在源面板中定位到"00:00:01:10"位置，将其标记为入点，继续拖动时间指针滑块，定位到"00:00:10:10"位置，将其标记为出点。

步骤2：将裁剪好的视频素材从项目面板中拖动到"序列01"时间轴面板中，将其放置在视频素材"镜头8.mp4"右侧，在时间轴面板中拖动滑块，在节目面板中显示视频素材的画面。

步骤3：在时间轴面板中单击视频素材"小猫.mp4"，在节目面板中双击视频素材画面，拖动任意调节点调整画面大小，并拖动剪辑画面到竖屏背景的中间位置。

步骤4：在时间轴面板中将视频素材"小猫.mp4"重命名为"镜头9.mp4"，完成整个短视频的裁剪和组合操作，效果如图5-32所示。

图5-32　裁剪和组合好的短视频

 知识窗

在剪辑短视频的过程中，通常需要合理利用一些剪辑手法来改变短视频画面的视角，推动短视频内容向目标方向发展，让短视频更加精彩。常见剪辑手法主要包括以下几种。

- **标准剪辑**。标准剪辑是常用的视频剪辑手法，基本操作是将视频素材按照时间顺序进行拼接组合，制作成最终的短视频。

- **J Cut**。J Cut是一种视频画面中的音效在画面出现前响起的视频剪辑手法。例如，视频画面中先响起小溪的潺潺流水声，然后出现小溪流水。

- **L Cut**。L Cut是一种上一视频画面的音效一直延续到下一视频画面中的视频剪辑手法。

- **匹配剪辑**。匹配剪辑就是让两个相邻剪辑视频画面中的主要拍摄对象不变，但切换不同的场景，从视觉上形成酷炫的跳跃感。

- **跳跃剪辑**。跳跃剪辑是场景不变，主要拍摄对象发生一定变化的视频剪辑手法。常见的"卡点换装"短视频就采用了跳跃剪辑手法，如图5-33所示。

- **交叉剪辑**。交叉剪辑是指不同的两个场景来回切换的视频剪辑手法，通过频繁地切换画面来建立角色之间的交互关系。

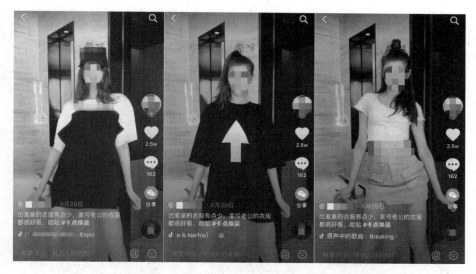

图5-33 运用跳跃剪辑手法剪辑的"卡点换装"短视频

👤 活动四 调色

老李要求小艾为裁剪好的所有视频素材调色，因为在使用Premiere剪辑短视频的过程中，通过调色可以使短视频画面呈现一种特别的色调或风格，如清新、唯美、复古等，带给用户一种视觉上的享受。老李让小艾按照短视频通用的调色方案调色，然后将同一种调色复制到所有视频素材中，具体操作如下。

微课视频

调色

步骤1：在"序列01"时间轴面板中，拖动滑块定位到视频素材"镜头1.mp4"中，单击"效果"选项卡，进入效果模式，如图5-34所示。

步骤2：在"效果"面板中选择"Lumetri颜色"选项，展开颜色设置的相关选项，在"白平衡"栏的"色温"选项中，拖动滑块将其设置为"16.0"，在"色调"栏的"对比度"选项中，拖动滑块将其设置为"29.0"，在"饱和度"选项中，拖动滑块将其设置为"120.0"，如图5-34所示，让画面看起来更明朗一些。

步骤3：在"效果控件"面板中单击"效果控件"选项卡，选择"序列01*镜头1.mp4"选项，然后在下面的"Lumetri颜色"选项上右击，在弹出的快捷菜单中选择"复制"选项，如图5-35所示。

步骤4：在"序列01"时间轴面板中，拖动滑块定位到视频素材"镜头2.mp4"中，在"效果控件"面板的"序列01*镜头2.mp4"选项下的空白位置右击，在弹出的快捷菜单中选择"粘贴"选项，如图5-36所示，即可将视频素材"镜头1.mp4"的调色应用到视频素材"镜头2.mp4"中。

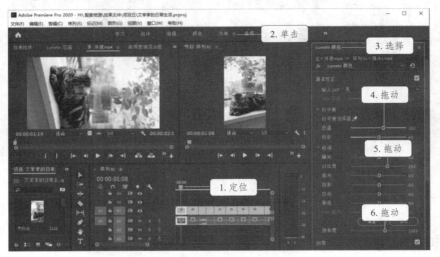

图5-34 为视频剪辑调色

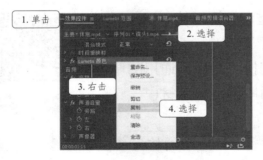

图5-35 复制调色

图5-36 应用调色

步骤5：接下来继续用同样的方法，将视频素材"镜头1.mp4"调色应用到其他所有的视频素材中，完成整个短视频的调色操作。

 知识窗

无论摄影摄像设备的性能多么优越，受到拍摄技术、拍摄环境和播放设备等多种因素的影响，最终展示出来的画面与人眼看到的现实色彩仍然有着一定的差距，所以，需要调色来最大限度地还原真实的色彩。短视频通用调色方案如表5-1所示。

表5-1　短视频通用调色方案

亮度	对比度	饱和度	色温	锐化
0~25	0~35	-40~40	0~45	0~35

知识窗

活动五　处理音频

拍摄短视频通常都会录制现场声音，在导入视频的同时声音也会导入Premiere中，所以，小艾接下来的剪辑工作就是处理音频。

微课视频

处理音频

第一步　音画分离

音画分离是指将视频素材中的音频和视频分割开，具体操作如下。

步骤1：在"序列01"时间轴面板中的视频素材"镜头1.mp4"上右击，在弹出的快捷菜单中选择"取消链接"选项。

步骤2：用同样的方法为其他8个视频素材进行音画分离。

第二步　删除多余的声音

接下来小艾需要将短视频中多余的声音删除，具体操作如下。

步骤1：在"序列01"时间轴面板中的A1音频轨道中单击视频素材"镜头1.mp4"下面的音频，按【Delete】键将其删除，如图5-37所示。

图5-37　删除视频中的音频

步骤2：用同样的方法删除其他视频素材下面的音频，除视频素材"镜头3.mp4"下面的音频外。

第三步　处理噪声

噪声会严重影响用户观看短视频的听觉感受，小艾决定使用Premiere自带的降噪功能来弱化或消除视频素材中的噪声，具体操作如下。

步骤1：在"序列01"时间轴面板中的A1音频轨道中单击视频素材"镜头3.mp4"下面的音频，在效果面板中选择"效果"选项，展开对应的选项。

步骤2：选择"音频效果"选项，在展开的选项中找到"降噪"选项，双击为音频应用降噪功能，如图5-38所示，完成处理噪声的操作。

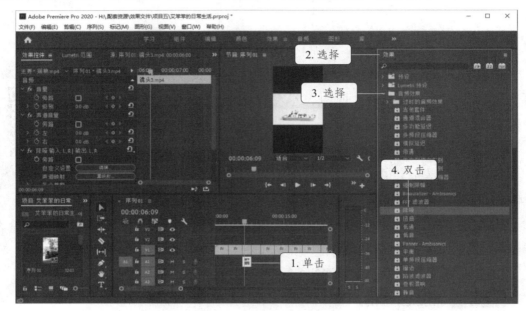

图5-38　处理噪声

✏️ **经验之谈**

在Premiere中还可以应用"人声增强""较少混响""消除嗡嗡声"等功能处理音频噪声。应用这些功能后，可以在"效果控件"面板中找到功能对应的选项，单击"编辑"按钮，在打开的对话框中设置详细参数。

👤 活动六　添加背景音乐和音效

短视频不是哑剧，需要声音，所以，根据短视频脚本的设定，小艾需要为短视频添加背景音乐和特殊的音效。

第一步 添加背景音乐

首先，小艾将准备好的背景音乐导入软件中，再根据视频剪辑的时间裁剪掉多余的音乐，并调整了音乐的音量大小，具体操作如下。

> 微课视频
>
> 添加背景音乐

步骤1：在项目面板的空白处双击，打开"导入"对话框，找到"背景音乐.mp3"（配套资源：\素材文件\项目五\背景音乐.mp3）文件，将其导入项目面板中。

步骤2：将"背景音乐.mp3"从项目面板中拖动到"序列01"时间轴面板中的A2音频轨道中，使其左侧与视频素材"镜头1.mp4"对齐。

步骤3：拖动滑块将时间线定位到"00:00:19:00"位置，在时间轴面板左侧的工具栏中单击"剃刀工具"按钮，将鼠标指针移动到导入的"背景音乐.mp3"的时间线位置，单击将其裁剪为两个部分，如图5-39所示。

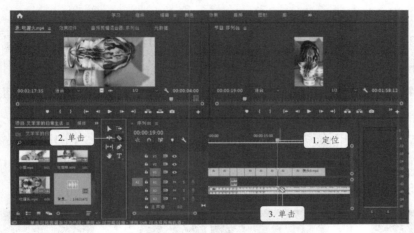

图5-39　裁剪背景音乐

步骤4：单击A2音频轨道中的"背景音乐.mp3"，在源面板中单击"效果控件"选项卡，在"音量"选项的"级别"选项中拖动滑块，将音量级别设置为"-30.0dB"，如图5-40所示。

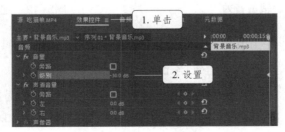

图5-40　调整音量

✎ **经验之谈**

Premiere中的音量级别为正值，表示音量增大，负值则相反。如果在不同时间点设置不同的音量，则会在相邻的两种不同音量之间自动转换。

第二步 添加音效

音效是一种由声音所制造出来的效果，在不同的视频素材中添加不同的音效会更加突出视频内容要表达的效果。下面为镜头8和镜头9两个视频素材添加不同音效，渲染视频内容的氛围，具体操作如下。

步骤1：将需要的音频文件（配套资源：\素材文件\项目五\突然.mp3、悲伤失落.mp3、打斗.mp3）导入项目面板中。

步骤2：将"突然.mp3"从项目面板中拖动到"序列01"时间轴面板中的A2音频轨道中，放置在"背景音乐.mp3"右侧。

步骤3：拖动滑块将时间线定位到"00:00:20:00"位置，利用"剃刀工具"按钮将音频裁剪为两个部分，如图5-41所示，然后将右侧部分删除。

步骤4：用同样的方法将"悲伤失落.mp3"从项目面板中拖动到"序列01"时间轴面板中的A2音频轨道中，放置在"突然.mp3"右侧。

步骤5：在项目面板左上角的数值框中输入"00:00:23:01"，按【Enter】键后定位时间线的位置，然后单击"剃刀工具"按钮将音频裁剪为两个部分，如图5-42所示，然后将右侧部分删除。

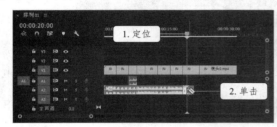 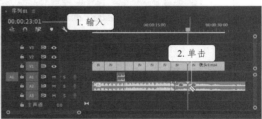

图5-41　裁剪音效　　　　　　　　图5-42　定位时间线

步骤6：将"打斗.mp3"从项目面板中拖动到"序列01"时间轴面板中的A2音频轨道中，放置在"悲伤失落.mp3"右侧。

步骤7：在A2音频轨道中右击"打斗.mp3"，在弹出的快捷菜单中选择"速度/持续时间"选项，打开"剪辑速度/持续时间"对话框，在"速度"数值框中输入"80"，单击"确定"按钮，如图5-43所示，慢放该音效。

步骤8：拖动滑块将时间线定位到"00:00:32:03"位置，单击"剃刀工具"按钮将音频裁剪为两个部分，然后将右侧部分删除。

步骤9：单击A2音频轨道中的"打斗.mp3"，将音量级别设置为"-10.0dB"，然后将时间线定位到"00:00:23:02"位置，将音量级别设置为"0.0dB"，如图5-44所示，完成添加音效的操作。

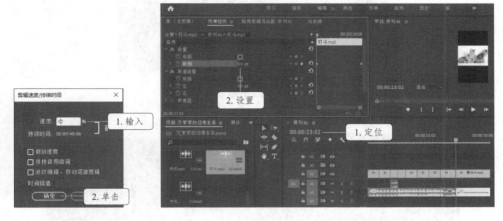

图5-43 慢放音效 　　　　图5-44 调整音效音量

知识窗

网上有很多专业的声音素材网站，在其中可以下载背景音乐和音效，例如，站长素材、耳聆网和爱给网等。这些网站分类明确，用户很容易就能精确查找到需要的背景音乐和音效，还可以试听后再下载。另外，背景音乐的音量设置通常有一个标准，即短视频原声音量和背景音乐音量的比值为3∶2。

知识窗

活动七　设置转场

短视频是由多个视频素材剪辑组合而成的，在这些视频素材之间的过渡或衔接叫作转场。转场的作用是保证整个短视频节奏和叙事的流畅性。老李要求小艾为短视频设置一些转场效果，具体操作如下。

微课视频

设置转场

步骤1：在"序列01"时间轴面板的V1视频轨道中，将鼠标指针移动到视频素材"镜头1.mp4"和视频素材"镜头2.mp4"的中间位置，当鼠标指针变成形状时右击，在弹出的快捷菜单中选择"应用默认过渡"选项，如图5-45所示。

步骤2：单击"交叉溶解"按钮，在源面板中单击"效果控件"选项卡，在"持续时间"数值框中输入"00:00:02:00"，在"对齐"下拉列表框中选择"中心切入"选项，如图5-46所示。

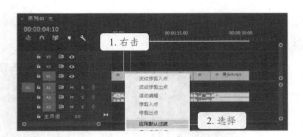

图5-45　应用默认转场

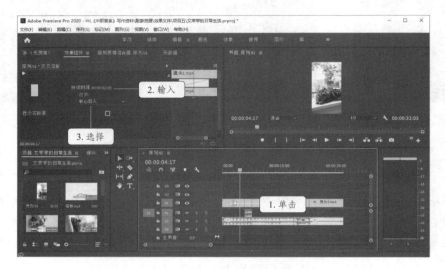

图5-46　设置转场效果

步骤3：用同样的方法，在视频素材"镜头5.mp4""镜头6.mp4""镜头7.mp4""镜头8.mp4"之间设置3个默认的转场，完成设置转场的操作。

 知识窗

　　设置精美的转场效果可以提升视频画面的质量。常用转场方式是使用一些光学技巧来达成时间的流逝或地点的变换。在短视频拍摄中比较常用的转场效果主要有淡入/淡出、叠和划，其他转场效果都是这3种转场效果的衍生类型。

- 淡入/淡出。淡入/淡出又称渐显/渐隐。淡入是指下一个视频画面的光度由零度逐渐增至正常的过程，类似于舞台剧的"幕启"；淡出则相反，是指画面的光度由正常逐渐变暗直到零度的过程，类似于舞台剧的"幕落"。

- 叠。叠又称化，是指两个视频画面层叠在一起，前一个画面没有完全消失，后一个画面没有完全显现，两个画面有部分留存。

- **划**。划是指以线条或用圆、三角形等几何图形来改变视频画面，例如，圆划像、正方形划像、交叉划像和菱形划像等。

知识窗

活动八　添加字幕

微课视频

添加字幕

　　老李告诉小艾，以宠物为主角的短视频通常都会添加字幕，用来将宠物拟人化或向用户说明视频内容。所以，小艾需要根据分镜头脚本的设计，将字幕添加到视频素材的画面中。

第一步　为镜头1添加字幕

　　添加字幕可以直接在镜头1的视频画面中进行，具体操作如图5-47所示。

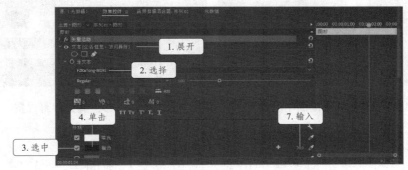

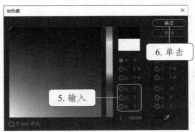

图5-47　设置字幕样式

　　步骤1：在"序列01"时间轴面板左侧的工具栏中单击"文字工具"按钮，拖动滑块将时间线定位到视频素材"镜头1.mp4"中任一位置。

　　步骤2：在节目面板的视频画面上要添加字幕的位置处单击，插入文本框，在其中输入"生活惬意，岁月静好"。

　　步骤3：选择输入的文本，在源面板的"效果控件"选项卡中"图形"栏下单击■按钮，展开"文本(生活惬意，岁月静好)"选项，在"源文本"选项下面的"字体"下拉列表框中选择"FZKaTong-M19S"选项（方正卡通简体）。

步骤4：在"外观"栏中单击选中"描边"复选框，再单击右侧的色块，打开"拾色器"对话框，在"R""G""B"数值框中输入"0"，单击"确定"按钮。

步骤5：在"描边"复选框右侧的"描边宽度"数值框中输入"20.0"。

步骤6：在时间轴面板左侧的工具栏中单击"选择工具"按钮，将字幕拖动到视频画面正上方位置，如图5-48所示。

步骤7：在"时间线"面板的V2视频轨道中可以看到添加的字幕，拖动以调整其位置，使其与视频素材"镜头1.mp4"的时间长短基本相同，如图5-49所示。

图5-48　调整字幕在画面中的位置　　　　图5-49　调整字幕位置

第二步 为镜头2添加图片和字幕

镜头2中的字幕是拟人化的语言，所以小艾在画面中添加了一个会话气泡。先将会话气泡图片添加到视频画面中，然后添加文字，具体操作如下。

步骤1：导入"会话气泡.png"（配套资源：\素材文件\项目五\会话气泡.png），将其拖动到V2视频轨道中镜头1字幕的右侧，并调整位置，使其与视频素材"镜头2.mp4"的时间长短基本相同。

步骤2：将时间线定位到视频素材"镜头2.mp4"中任一位置，在节目面板中双击插入的"会话气泡.png"，通过拖动调整其位置和大小，如图5-50所示。

步骤3：按住【Alt】键的同时将V2视频轨道中的镜头1字幕拖动到V3视频轨道中，再复制一个相同样式的字幕素材，将其拖动到"会话气泡.png"上方，将文字修改为"艾爱：'笨笨，你去照顾孩子们吃午饭！'"，然后调整字幕位置和大小，分别将鼠标光标定位到"，""们"右侧，按【Enter】键换行，最终效果如图5-51所示。

图5-50 调整图片位置和大小　　　图5-51 复制和调整字幕

第三步 为镜头4、镜头5、镜头6、镜头7添加字幕

为镜头4、镜头5、镜头6、镜头7添加字幕的方式都是复制字幕然后修改文本，具体操作如下。

步骤1：将时间线定位到视频素材"镜头4.mp4"中任一位置，复制镜头1字幕到V2视频轨道中视频素材"镜头4.mp4"上方，调整大小并与视频素材"镜头4.mp4"的时间长短基本相同，修改字幕文本为"哇！开饭了！"。

步骤2：用相同的方法复制镜头1字幕到V2视频轨道中视频素材"镜头5.mp4""镜头6.mp4""镜头7.mp4"上方，调整大小并与下面对应的视频素材保持相同的时间，然后将字幕文本分别修改为"好吃""我的最爱""太好吃了"，效果如图5-52所示。

图5-52 添加字幕

第四步 为镜头8添加贴纸图片

根据短视频脚本的设计，小艾需要为镜头8添加一个贴纸图片，具体操作如下。

步骤1：导入"火.png"（配套资源：素材文件\项目五\火.png），将其拖动到V2视频轨道中视频素材"镜头8.mp4"上方，将时间线定位到"00:00:21:07"位置，然后调整大小，以此位置开始，以视频素材"镜头8.

mp4"结尾为结束。

步骤2：在节目面板中双击调整"火.png"的大小，并拖动到白猫（艾爱）头部位置，效果如图5-53所示。

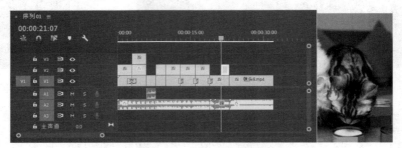

图5-53　添加贴纸图片

第五步　为镜头9添加图片和字幕

根据短视频脚本的设计，镜头9中有3只小猫的对话，所以，小艾决定复制镜头2中添加的图片和字幕，并调整文本和位置，具体操作如下。

步骤1：在V2视频轨道中，按住【Alt】键的同时将镜头2图片拖动到视频素材"镜头9"的上方，开始位置为"00:00:23:10"。

步骤2：在节目面板中双击"会话气泡.png"，并将其适当缩小，拖动到视频画面左侧小猫的头顶处。

步骤3：按住【Alt】键的同时将V3视频轨道中的镜头2字幕拖动到视频素材"镜头9"的上方，与下面V2视频轨道中复制的图片对齐，将字幕文本修改为"妈妈为什么打爸爸"，并拖动到图片中间，效果如图5-54所示。

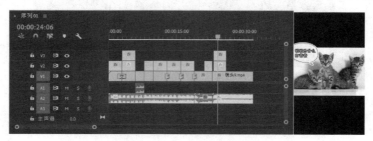

图5-54　添加图片和字幕

步骤4：用相同的方法继续复制图片和字幕，开始位置分别为"00:00:26:04"和"00:00:29:09"，将两张图片分别拖动到另外两只小猫的头顶处，字幕文本分别修改为"爸爸偷吃了我们的食物"和"哇！爸爸被打飞了"，效果如图5-55所示，完成添加字幕的操作。

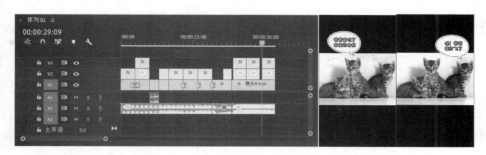

图5-55　完成效果

💡 **知识窗**

很多短视频剪辑App具备自动识别并添加字幕的功能，但短视频创作者在制作短视频字幕的过程中，仍然需要掌握一些技巧。

- **保证准确性**。字幕的准确性通常能反映短视频作品的品质。制作精良的短视频，其字幕准确，很少出现错别字、语句不通顺等问题。

- **放置位置要合理**。短视频的标题和账号名称通常显示在左下角，添加的字幕应该避开这个位置，以免被标题和账号名称遮挡。图5-56所示为不同短视频的字幕位置。

图5-56　不同短视频的字幕位置

- **添加描边**。当采用白色或黑色的纯色字幕时，字幕很容易与视频画面相重合，影响用户观看，此时可以采用添加描边的方式来突出字幕。

💡 **知识窗**

👤 活动九　制作封面和片尾

老李告诉小艾，一个优秀的短视频不仅要从内容上吸引和打动用户，还需要醒目、可识别的封面，以及意蕴丰富且令人回味无穷的片尾。所以，小艾在剪辑短视频的最后，还需要制作好封面和片尾。

第一步 制作视频封面

微课视频

制作视频封面

短视频的封面通常有视频和图片两种形式，主流短视频的封面都以视频为主。一般是将短视频中的关键内容剪辑制作成视频封面。小艾决定将有植入广告的视频素材制作成封面，具体操作如下。

步骤1：在"序列01"时间轴面板中选择所有的音频、视频、图片和字幕，将其水平向右拖动。

步骤2：在V1视频轨道中单击视频素材"镜头5.mp4"，按住【Alt】键的同时将其拖动到V1视频轨道的开始位置，在复制的视频素材上右击，在弹出的快捷菜单中选择"速度/持续时间"选项，打开"剪辑速度/持续时间"对话框，在"速度"数值框中输入"300"，单击"确定"按钮，如图5-57所示。

步骤3：用同样的方法复制视频素材"镜头6.mp4"和"镜头7.mp4"，依次将其放置在V1视频轨道的开始位置，并将"速度"都设置为"300"。

步骤4：在时间轴面板中再次选择除这3个复制的视频素材外的其他所有素材，将其水平拖动到这3个视频素材的右侧，如图5-58所示。

图5-57　设置视频快放

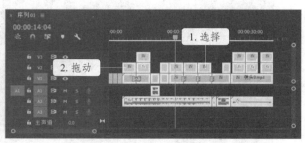

图5-58　调整视频素材

步骤5：在V2视频轨道中单击视频素材"镜头1.mp4"上的图形，按住【Alt】键的同时将其拖动到V2视频轨道的开始位置，然后拖动该图形，设置其长度与3个复制的视频素材相同，如图5-59所示。

步骤6：将时间线定位到复制的图形中，在节目面板中将文本修改为"艾笨笨的"，然后拖动到视频画面的左上角，并适当放大文本，如图5-60所示。

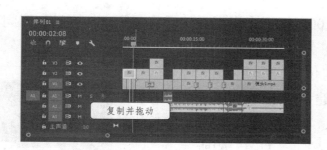

图5-59 复制和调整字幕素材

图5-60 放大文本

步骤7：将视频素材"镜头1.mp4"上的图形拖到V3视频轨道中，拖动该图形，设置其长度与后两个复制的视频素材相同，并将文本修改为"日常生活"。

步骤8：将鼠标指针移动到图形左侧，当鼠标指针变成形状，右击，在弹出的快捷菜单中选择"应用默认过渡"选项，单击"交叉溶解"按钮，在源面板中展开"效果控件"选项卡，在"持续时间"数值框中输入"00:00:02:00"。

步骤9：用同样的方法为V2轨道中复制的图形应用默认过渡，完成封面的制作，效果如图5-61所示。

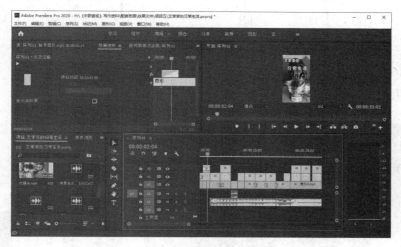

图5-61 完成视频封面制作

第二步 制作字幕片尾

小艾决定在短视频最后添加"谢谢观看 点赞关注"的字幕作为片尾，具体操作如下。

步骤1：在项目面板中导入"笑声和鼓掌.wav"（配套资源：\素材文件\项目五\笑声和鼓掌.wav）音频，将"00:00:01:00"

微课视频

制作字幕片尾

标记为入点、"00:00:05:00"标记为出点，然后将音频素材拖动到时间轴面板的A2音频轨道中，放置在音频素材"打斗.mp3"的右侧。

步骤2：将时间线定位到"笑声和鼓掌.wav"中，选择【文件】/【新建】/【旧版标题】命令，打开"新建字幕"对话框，在"名称"文本框中输入"片尾"，单击"确定"按钮，如图5-62所示。

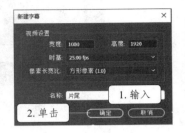

图5-62 新建字幕

步骤3：打开"字幕：片尾"对话框，在字幕面板的视频画面中单击，创建文本框，在其中输入"谢谢观看 点赞关注"，然后在右侧的"旧版标题属性"列表框中展开"属性"选项，在"字体系列"下拉列表框中选择"方正综艺简体"选项，在左下角的列表框的"中心"栏中，依次单击"左右居中"按钮和"上下居中"按钮，如图5-63所示。

步骤4：单击"滚动/游动选项"按钮，打开"滚动/游动选项"对话框，在"字幕类型"栏中单击选中"滚动"单选项，在"定时（帧）"栏中单击选中"开始于屏幕外"复选框，单击"确定"按钮，如图5-64所示。

步骤5：单击右上角的"关闭"按钮，关闭"字幕：片尾"对话框，在项目面板中可以看到新建的"字幕"旧版标题，将其拖动到V1视频轨道中，放置在视频素材"镜头9.mp4"右侧，并拖动缩短其播放时间（比"笑声和鼓掌.wav"短）。

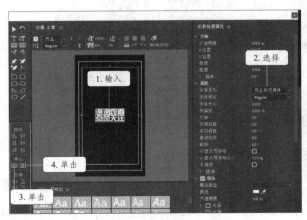

图5-63 输入和设置字幕

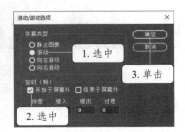

图5-64 "滚动/游动选项"对话框

步骤6：按住【Alt】键的同时将"字幕"旧版标题复制到其右侧，缩短播放时间（两个旧版标题的播放时间与"笑声和鼓掌.wav"一致），双击复制的

"字幕"旧版标题，打开"字幕：片尾"对话框，单击"滚动/游动选项"按钮，打开"滚动/游动选项"对话框，在"字幕类型"栏中单击选中"静止图像"单选项，单击"确定"按钮，完成片尾的制作操作。

 知识窗

短视频的结尾通常有3种形式，如图5-65所示。

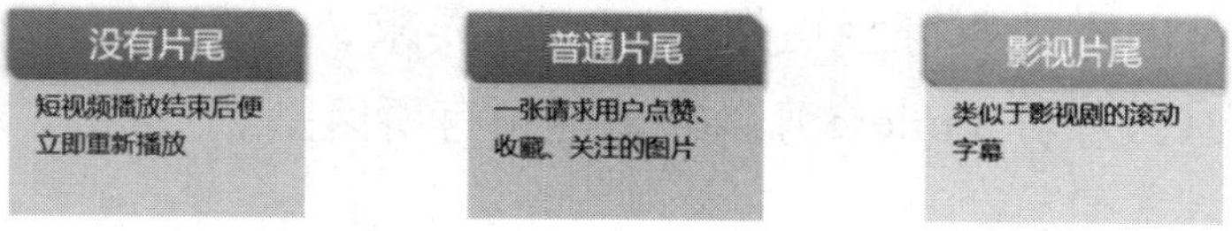

没有片尾	普通片尾	影视片尾
短视频播放结束后便立即重新播放	一张请求用户点赞、收藏、关注的图片	类似于影视剧的滚动字幕

图5-65 短视频结尾的形式

 知识窗

👤 活动十 审核和完善短视频

小艾剪辑完短视频后，交给老李审核，老李根据分镜头脚本对比了短视频，老李觉得音量稍微有点大，于是小艾将音频素材"突然.mp3"和"悲伤失落.mp3"的音量级别都设置为了"–20.0dB"，将音频素材"打斗.mp3"开始位置的音量级别设置为了"–20.0dB"，结束位置的音量级别设置为了"–30.0dB"，完成整个短视频的剪辑操作。

🎁 动手做

剪辑《图书馆》短视频

使用Premiere Pro 2020，将项目四中拍摄的短视频素材剪辑成一个完整的短视频。其中，背景音乐使用比较舒缓的音乐，封面使用图书馆的照片，结尾使用图书馆的名称，从左到右滚动字幕。

🌱 素养提升小课堂

剪辑一个短视频不单单要解决技术上的难题，还要通过剪辑让用户明白作品背后的文化内涵。短视频创作者应通过剪辑工作向用户传递一份份感人的情怀，培养具备"真、善、美"的主流价值观的粉丝，为社会主义精神文明建设添砖加瓦。

任务二 使用剪映App剪辑短视频

任务描述

老李认为在手机上剪辑短视频具备方便和快捷、操作智能化，以及可以灵活应用各种特效模板等优势。于是，老李要求小艾使用剪映App重新剪辑一个短视频，基本内容还是要符合短视频脚本的要求，在调色、特效、音频和封面、片尾等方面可以与Premiere剪辑的短视频有所区别。

任务实施

活动一 导入素材并设置画布

老李告诉小艾，使用剪映App剪辑短视频，剪映App会自动生成一个视频文件，并能实时自动保存剪辑的内容。在剪映App中剪辑短视频，通常先导入素材，然后设置短视频画布的大小和方向。

微课视频

导入素材并
设置画布

第一步 启动剪映App

小艾点击剪映App的图标，启动了剪映App，进入了剪映App的主界面。

第二步 导入视频素材

小艾接下来在剪映App主界面中导入了视频素材"休息.mp4"，具体操作如下。

步骤1：在剪映App主界面中点击"开始创作"按钮，如图5-66所示。

步骤2：在打开的界面中点击"视频"选项卡，显示手机中保存的所有视频，找到视频素材"休息.mp4"，点击选中右上角的单选项，点击"添加"按钮，如图5-67所示，将视频素材导入剪映App中。

第三步 设置竖屏模式

在剪映App中可以任意设置画布的大小和方向。下面将短视频的画布设置为9∶16，具体操作如下。

步骤1：在剪映App主界面下方的工具栏中左右滑动，找到并点击"比例"按钮，如图5-68所示。

步骤2：展开"比例"工具栏，选择"9∶16"选项，将短视频的画布修改为"9∶16"的竖屏模式，如图5-69所示。

图5-66　剪映App主界面

图5-67　导入视频素材

图5-68　点击"比例"按钮

图5-69　选择比例

 知识窗

　　剪映App集合了同类App的很多优点，功能齐全且操作灵活，有助于用户在手机上完成一些比较复杂的短视频剪辑操作，是一款非常全面的短视频剪辑App。

- **模板多**。剪映App自带的模板很多，且更新很快，利用模板制作短视频的操作也比较简单，非常适合短视频新手。

- **音乐丰富且支持抖音App曲库**。剪映App提供了抖音App中的热门歌曲、Vlog配乐，以及大量各种风格的音乐，用户可以在试听之后直接应用到制作的短视频中。

- **调色功能强大。**剪映App具有高光、锐化、亮度、对比度、饱和度等多种色彩调节参数，这是很多短视频剪辑App所不具备的。
- **辅助工具齐备。**剪映App带有美颜、特效、滤镜和贴纸等辅助工具，这些工具不但样式很多，而且体验效果不错，可以让剪辑后的短视频变得与众不同。
- **操作方便。**剪映App中的时间轴面板支持双指放大/缩小的操作，十分方便。
- **自动添加字幕。**剪映App支持手动添加字幕和自动语音转字幕功能，并且该功能完全免费。此外，其还支持为字幕中的文字设置样式和动画。

知识窗

第四步 旋转视频画面

接下来将视频素材的画面调整为竖屏模式，具体操作如下。

步骤1：在"比例"工具栏中点击"返回"按钮，返回主工具栏。

步骤2：在主工具栏中点击"剪辑"按钮，展开"剪辑"工具栏，点击"编辑"按钮，如图5-70所示。

步骤3：展开"编辑"工具栏，点击3次"旋转"按钮，如图5-71所示，将视频素材的画面旋转为竖屏模式，与短视频画面重合。

步骤4：点击"返回"按钮返回主工具栏。

图5-70 点击"编辑"按钮

图5-71 旋转视频画面

活动二 裁剪和组合短视频

导入素材并设置好短视频画面的方向和大小后，小艾需要根据分镜头脚本的设定剪辑视频素材，然后组合成完整的短视频。

第一步 剪辑镜头1、镜头2和镜头4

根据任务一的操作，"休息.mp4"视频素材已导入剪映App并设置了画布。小艾在剪映App中将"休息.mp4"视频素材裁剪出3秒的镜头1、3秒的镜头2和2秒的镜头4，具体操作如下。

步骤1：将时间轴面板向左拖动，将时间线定位到"00:03"位置，在主工具栏中点击"剪辑"按钮，展开"剪辑"工具栏，点击"分割"按钮，如图5-72所示，将视频素材分割为两个部分，左侧视频素材即为镜头1。

步骤2：继续将时间轴面板向左拖动，将时间线定位到"01:15"位置，在主工具栏中点击"剪辑"按钮，展开"剪辑"工具栏，点击"分割"按钮。

步骤3：继续将时间轴面板向左拖动，将时间线定位到"01:18"位置，在主工具栏中点击"剪辑"按钮，展开"剪辑"工具栏，点击"分割"按钮，如图5-73所示，"01:15"和"01:18"之间的视频素材即为镜头2。

图5-72 分割视频素材

图5-73 裁剪镜头2

步骤4：将时间轴面板向左拖动，将时间线定位到"02:48"位置，在主工具栏中点击"剪辑"按钮，展开"剪辑"工具栏，点击"分割"按钮，"02:48"到最后的视频素材即为镜头4。

步骤5：在时间轴面板中选择镜头4左侧的视频素材，在"剪辑"工具栏中点击"删除"按钮，将该视频素材删除，如图5-74所示。

步骤6：用同样的方法选择镜头1右侧的视频素材，将其删除，剩下镜头1、镜头2和镜头4对应的3个视频素材，如图5-75所示，完成剪辑操作。

图5-74　删除视频素材

图5-75　完成裁剪

第二步 剪辑镜头3

剪辑镜头3，需要从"猫粮.mp4"视频素材中裁剪2秒的片段，具体操作如下。

步骤1：将时间轴面板向左拖动，将时间线定位到镜头2和镜头4两个视频素材的中间位置，点击"导入视频"按钮，如图5-76所示。

步骤2：在手机中找到视频素材"猫粮.mp4"，点击选中右上角的单选项，点击"添加"按钮，将其导入时间轴面板中镜头2和镜头4两个视频素材的中间位置。

步骤3：将导入的视频素材从"00:07"和"00:09"两个位置进行分割，然后保留"00:07"和"00:09"之间的片段为镜头3，删除左右被分割的片段，效果如图5-77所示。

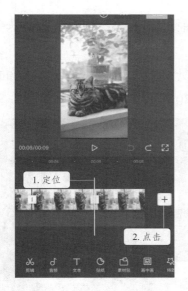

图5-76　导入视频素材

图5-77　剪辑镜头3

　　时间轴面板上方显示的是导入视频素材的时间线，预览面板的左下侧显示了两个时间，例如，"02:48/02:50"，"02:48"表示当前时间线的位置，"02:50"表示短视频的总时长。在时间轴面板中点击视频素材，视频素材左上角也会显示该视频素材的时长。剪映App中的各种时间显示如图5-78所示。

图5-78　剪映App中的各种时间显示

第三步　剪辑镜头5

　　剪辑镜头5，需要从"吃猫粮.mp4"视频素材中裁剪2秒的片段，具体操作如下。

　　步骤1：将时间轴面板向左拖动，将时间线定位到镜头4视频素材最右侧位置，点击"导入视频"按钮，如图5-79所示。

步骤2：在手机中找到视频素材"吃猫粮.mp4"，将其导入镜头4视频素材的右侧。

步骤3：在时间轴面板中选择导入的视频素材，在上方的预览面板中放大视频画面，使其从横屏变为竖屏，如图5-80所示。

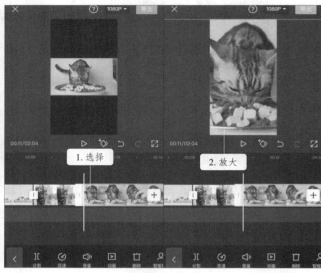

图5-79　导入视频素材　　　　　图5-80　放大视频画面

步骤4：将导入的视频素材从"01:09"和"01:11"两个位置进行分割，然后保留"01:09"和"01:11"之间的片段为镜头5，删除左右被分割的片段。

> ✏️ **经验之谈**
>
> 在剪映App中，默认视频素材的播放顺序是从左到右。当导入或剪辑视频素材后，在时间轴面板中按住任意一个视频素材不放，即可通过拖动的方式将其移动到时间轴的其他位置，以此调整播放顺序。

第四步 **剪辑镜头6**

剪辑镜头6，需要从"吃猫条.mp4"视频素材中裁剪3秒的片段，具体操作如下。

步骤1：用同样的方法在镜头5最右侧位置导入视频素材"吃猫条.mp4"。

步骤2：在时间轴面板中选择该视频素材，将其调整为竖屏模式。

步骤3：将导入的视频素材从"00:19"和"00:21"两个位置进行分割，然后保留"00:19"和"00:21"之间的片段为镜头6，左右被分割的片段则删除。

第五步　剪辑镜头7和镜头8

剪辑镜头7，需要从"吃罐头.mp4"视频素材中裁剪3秒的片段，剪辑镜头8，需要从"吃罐头.mp4"视频素材中裁剪4秒两只猫同时出现的片段，具体操作如下。

步骤1：用同样的方法在镜头6最右侧位置导入视频素材"吃罐头.mp4"。

步骤2：在时间轴面板中选择该视频素材，将其调整为竖屏模式。

步骤3：将导入的视频素材先从"02:26"和"02:29"两个位置进行分割，再从"02:54"和"02:58"两个位置进行分割，然后保留"02:26"和"02:29"之间的片段为镜头7，"02:54"和"02:58"之间的片段为镜头8。

步骤4：将导入的"吃罐头.mp4"视频素材中分割后的其他片段删除。

✎ **经验之谈**

在剪映App中，只需要在时间轴面板中选择视频素材，拖动其左右侧的滑块，如图5-81所示，就可以精确控制裁剪视频素材的时间。

图5-81　精确控制裁剪视频素材的时间

第六步　剪辑镜头9

剪辑镜头9，需要从"小猫.mp4"视频素材中裁剪9秒的片段，具体操作如下。

步骤1：用同样的方法在镜头8最右侧位置导入视频素材"小猫.mp4"。

步骤2：将导入的视频素材从"00:26"位置进行分割，然后保留右侧的片段为镜头9，删除左侧分割的片段。

步骤3：拖动时间轴面板，将时间线定位到镜头9，在主工具栏中点击"背景"按钮，展开"背景"工具栏，点击"画布模糊"按钮，展开"画布模糊"选项栏，在其中选择一种模糊选项，点击"确定"按钮，为该视频素材应用背景，效果如图5-82所示。

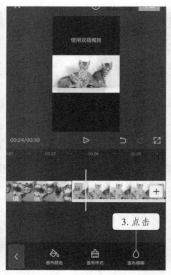

图5-82　设置短视频画布背景

✎ **经验之谈**

点击"画布模糊"选项栏左上角的"应用到全部"按钮，可以将选择的画布模糊效果应用到所有视频素材中。

步骤4：用相同的方法为镜头3应用画布模糊效果，完成裁剪和组合短视频的操作。

👤 活动三　调色

老李告诉小艾，剪映App提供了多种滤镜，每种滤镜代表一种调色方案。小艾希望将短视频的色彩调节得更加温暖和鲜艳，在对比和尝试了多种滤镜后，选择了"暖食"滤镜，具体操作如下。

微课视频

调色

步骤1：将时间线定位到短视频的任意位置，在主工具栏中点击"滤镜"按钮。

步骤2：展开"滤镜"选项栏，点击"美食"选项卡，选择"暖食"选项，点击"确定"按钮，如图5-83所示。

步骤3：在编辑窗格中拖动"暖食"滤镜左右两侧的滑块，将其时长设置为与整个短视频时长相同，如图5-84所示，为整个短视频应用该滤镜。

图5-83　选择滤镜

图5-84　为整个短视频应用滤镜

✏️ **经验之谈**

在剪映App中可以同时应用多种滤镜，其效果会叠加和综合，还可以为不同的视频素材应用不同的滤镜，只需在时间轴面板中将应用的不同滤镜滑块放置到对应的视频素材下面即可。

👤 活动四　设置音频

老李告诉小艾，利用剪映App制作短视频的过程中，可以对视频素材的音量、背景音乐和音效进行设置。

微课视频

设置音频

第一步 设置音量

在剪映App中可以随意调节各个视频素材的音量大小。小艾首先对镜头3的音量进行了调节，具体操作如下。

步骤1：在时间轴面板中选择镜头3，在下方的工具栏中点击"音量"按钮，如图5-85所示。

步骤2：展开音量调节的选项栏，拖动滑块，将音量调整为"80"，点击"确定"按钮，如图5-86所示。

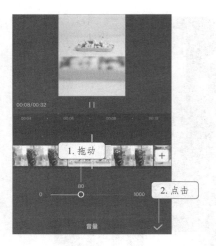

图5-85　点击"音量"按钮　　　　图5-86　设置音量

第二步 添加背景音乐

小艾接着从剪映App自带的音频库中选择了一首音乐作为短视频的背景音乐，并调整了音乐的音量大小，具体操作如图5-87所示。

步骤1：在时间轴面板中点击"添加音频"按钮，展开"音频"工具栏，点击"音乐"按钮，打开"添加音乐"界面，选择"纯音乐"选项。

步骤2：打开"纯音乐"界面，在其中选择"浪漫（纯音乐）"选项，点击音乐右侧的"使用"按钮。

图5-87　添加背景音乐

步骤3：将时间线定位到镜头7最右侧，在下方的工具栏中点击"分割"按钮，将背景音乐分割为两个部分，并删除右侧的部分。

步骤4：在时间轴面板中点击背景音乐，将音量调整为"60"。

第三步 **添加音效**

在镜头8和镜头9两个视频素材中添加音效来烘托气氛，具体操作如下。

步骤1：将时间线定位到镜头8的左侧，在主工具栏中点击"音频"按钮，展开"音频"工具栏，再点击"音效"按钮，展开"音效"列表。

步骤2：点击"悬疑"选项卡，点击"心跳声"选项试听音效，然后点击"使用"按钮，如图5-88所示。

步骤3：将该音效添加到时间轴面板中，向左拖动音效右侧的滑块，使其时长为镜头8的近一半。

步骤4：在下方的工具栏中点击"返回"按钮，展开"音频"工具栏，再次点击"音效"按钮，展开"音效"列表，用同样的方法将"悬疑"选项卡中的"心跳声加速"音效添加到"心跳声"音效的右侧，时长同样为镜头8的一半左右。

步骤5：用同样的方法展开"音效"列表，将"打斗"选项卡中的"打斗场面"音效添加到"心跳声加速"音效的右侧，时长与镜头9相同，将音量调整为"30"，添加音效后的效果如图5-89所示，完成音频的设置操作。

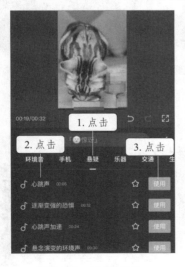

图5-88　选择音效

图5-89　添加音效后的效果

👤 活动五　添加视频素材

这里的视频素材是指短视频中常用的表达某种特定情绪的视频素材，时长在1

秒左右。小艾在短视频的最后添加了一个表示大笑的视频素材，具体操作如图5-90所示。

微课视频

添加视频素材

步骤1：将时间线定位到短视频最右侧，点击"导入视频"按钮。

步骤2：在打开的界面中点击"素材库"选项卡，在下方继续点击"搞笑片段"选项卡，点击下载第一个视频素材，点击选中右上角的单选项，点击"添加"按钮，该视频素材即被添加到时间轴面板中。

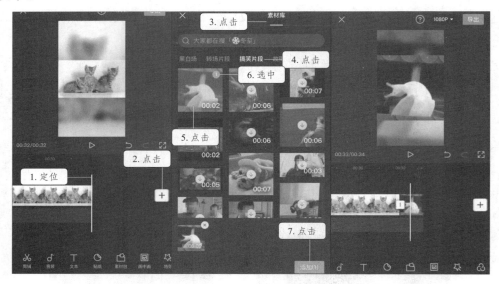

图5-90　添加视频素材

🧑 活动六　添加字幕

老李告诉小艾，剪映App中的字幕效果更多，除了各种样式和动画，还有多种类型的字幕模板，这些都能够在一定程度上提升短视频的视觉效果。于是，小艾准备根据分镜头脚本为各个视频素材添加字幕。

微课视频

添加字幕

第一步　为镜头1添加模板字幕

使用字幕模板为镜头1添加字幕，具体操作如图5-91所示。

步骤1：将时间线定位到短视频开始位置，在主工具栏中点击"文本"按钮，展开"文本"工具栏，点击"文字模板"按钮。

步骤2：展开"文字模板"选项栏，在"精选"选项卡中选择一种文字模板，点击"确定"按钮。

步骤3：在预览面板中拖动添加的文本框，将其拖动到合适位置，点击该文本框，展开文本输入界面，在文本框中输入"生活惬意，岁月静好"，点击"确定"按钮，完成镜头1的字幕添加操作。

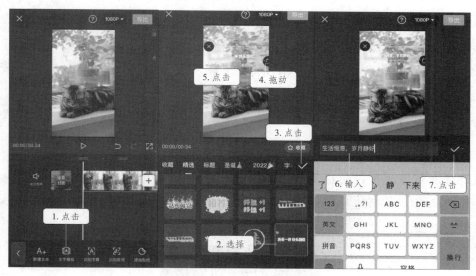

图5-91　通过字幕模板添加字幕

第二步　为镜头2添加气泡字幕

与Premiere不同，剪映App支持直接添加气泡字幕。下面为镜头2添加气泡字幕，具体操作如图5-92所示。

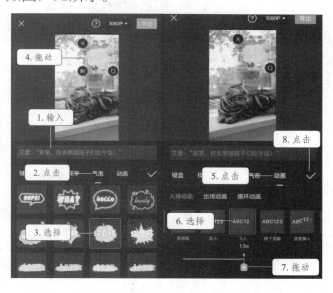

图5-92　添加和设置气泡字幕

步骤1：将时间线定位到镜头2的开始位置，在"文本"工具栏中点击"新建文本"按钮，展开文本输入界面，在文本框中输入"艾爱：'笨笨，你去照顾孩子们吃午饭！'"。

步骤2：在下方的选项栏中点击"气泡"选项卡，在展开的列表中选择一种气泡样式，并在预览面板中将气泡字幕拖动到画面的右上角。

步骤3：点击"动画"选项卡，在展开的列表中选择"飞入"选项，在展开的选项栏中，拖动滑块将飞入的时间设置为"1.5s"，点击"确定"按钮，完成镜头2的字幕添加操作。

✎ **经验之谈**

剪映App会在预览面板中设置一个最佳视觉范围方框，用户观看短视频时，更容易清楚看到该方框内的视频画面，如图5-93所示。在短视频中添加字幕、贴纸等附加图像时，一旦这些对象超出最佳视觉范围方框，就会显示该方框，并提示"超出安全区域"。

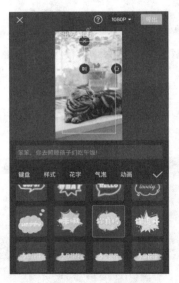

图5-93　最佳视觉范围方框

第三步 **为镜头4、镜头5、镜头6、镜头7添加字幕**

将镜头1中的字幕复制到镜头4、镜头5、镜头6、镜头7中，具体操作如下。

步骤1：在时间轴面板中点击镜头1的字幕，在下方的工具栏中点击"复制"按钮，在时间轴面板中可看到复制的字幕。

步骤2：将复制的字幕拖动到镜头4对应的视频素材下面，调整时长与视频素材时长基本相同，在预览面板中点击文本框，展开文本输入界面，在文本框中输入"哇！开饭了！"，点击"确定"按钮。

步骤3：用相同的方法将这个字幕复制到镜头5、镜头6和镜头7对应的视频素材下面，并调整时长与对应的视频素材时长基本相同，然后分别将字幕文本修改为"好吃""我的最爱""太好吃了"。

第四步 为镜头8添加贴纸

剪映App自带很多样式的贴纸，且有很多是动画模式，可以直接用于添加到短视频中。下面为镜头8添加贴纸，具体操作如下。

步骤1：将时间线定位到镜头8对应的视频素材中添加贴纸的开始位置，然后在"文本"工具栏中点击"添加贴纸"按钮，如图5-94所示。

步骤2：展开"添加贴纸"选项栏，点击搜索文本框，输入"生气"，点击"搜索"按钮，在搜索结果中选择一种贴纸样式，点击"关闭"按钮，如图5-95所示。

步骤3：在预览面板中拖动贴纸到合适位置，并适当调整大小，然后在时间轴面板中调整贴纸的时长，效果如图5-96所示。

图5-94　点击"添加贴纸"按钮

图5-95　选择贴纸样式

图5-96　调整贴纸大小和时长

第五步 为镜头9添加模板气泡字幕

为镜头9添加模板气泡字幕，并调整字幕的位置、时长和大小，具体操作如下。

步骤1：将时间线定位到"00:27"位置，展开"文字模板"选项栏，点击"气泡"选项卡，选择一种气泡样式，点击"确定"按钮，如图5-97所示。

步骤2：在预览面板中将气泡字幕拖动到画面左侧的小猫头顶处，将字幕文本修改为"妈妈为什么打爸爸"，并将该字幕时长调整为1秒。

步骤3：复制该字幕到"00:27"位置，时长设置为2秒，将字幕拖动到中间小猫的头顶处，字幕文本修改为"爸爸偷吃了我们的食物"。

步骤4：将时间线定位到"00:31"位置，重新添加一个模板气泡字幕，如图5-98所示。

步骤5：将字幕拖动到最右侧小猫的头顶处，字幕文本修改为"哇！爸爸被打飞了"，并放大该字幕，效果如图5-99所示，完成添加字幕的操作。

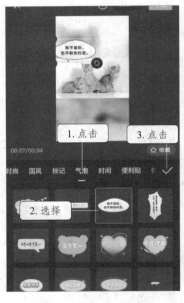
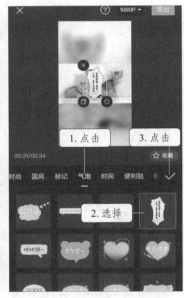

图5-97 选择气泡样式 　　图5-98 选择气泡样式 　　图5-99 最终效果

✏️ **经验之谈**

剪映App中可以自行设计文本样式，只需新建文本，然后在选项栏中点击"样式"选项卡，展开"样式"选项栏，在其中设置文本的字体、颜色、透明度、描边、背景、阴影、排列和粗斜体等。点击"动画"选项卡，还可以为文字设置入场动画、出场动画或循环动画。

活动七　制作封面和片尾

为了与用Premiere制作的短视频区别开，老李要求小艾制作不一样的封面和片尾。小艾学习了剪映App的操作后，决定为短视频制作图片封面和普通片尾。

第一步　制作图片封面

剪映App支持将图片或短视频的某一帧画面作为图片封面，于是小艾决定利用短视频中的某一帧画面来制作图片封面，具体操作如下。

微课视频

制作图片封面

步骤1：在时间轴面板的视频素材左侧，点击"设置封面"按钮，如图5-100所示。

步骤2：进入封面设置界面，先点击"视频帧"选项卡，然后拖动视频，将时间线定位到设置为封面的视频帧位置，如图5-101所示。

步骤3：点击"封面模板"按钮，展开"封面模板"选项栏，在"推荐"选项卡中选择封面的标题样式，然后在预览面板中将多余的文本删除，并调整文本框的位置，最后点击文本框，输入"艾笨笨的日常生活"，点击"保存"按钮，如图5-102所示，完成图片封面的制作。

图5-100　点击"设置封面"按钮

图5-101　定位封面位置

图5-102　制作封面

第二步 制作普通片尾

小艾使用剪映App的"剪同款"功能制作了普通片尾，具体操作如下。

步骤1：在剪映App主界面下方点击"剪同款"按钮，在打开界面的搜索文本框中输入"片尾模板"进行搜索，然后选择一种片尾模板，打开该片尾模板的预览界面，点击"剪同款"按钮，如图5-103所示。

步骤2：打开"最近项目"界面，点击"照片"选项卡，点击选择和@艾笨笨一家账号头像相同的图片，点击"下一步"按钮，如图5-104所示。

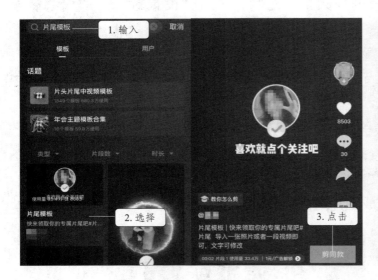

图5-103 选择模板

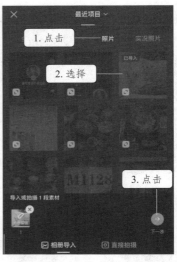

图5-104 选择图片

步骤3：剪映App会自动显示制作好的片尾效果，点击"导出"按钮，展开"导出"选项栏，点击"无水印保存并分享"按钮，如图5-105所示，剪映App将自动打开抖音App分享片尾短视频，并将制作的片尾短视频保存到手机中。

第三步 为短视频添加普通片尾

在剪映App主界面的"剪辑"列表中点击制作的短视频，进入编辑界面，将时间线定位到短视频的最后，将手机中保存的片尾短视频添加到其中，如图5-106所示，完成封面和片尾的制作。

图5-105 保存片尾

图5-106 添加片尾

👤 活动八 审核短视频

小艾剪辑完短视频后交给老李审核，老李根据分镜头脚本对比了剪辑后的短视频素材，并播放查看了效果，确认了没问题。至此，小艾就完成了整个短视频的剪辑操作。

同步实训

👤 实训一 剪辑搞笑短视频《小猫帮忙》

📋 实训描述

本次实训要求同学们剪辑《小猫帮忙》的搞笑短视频，主要包括裁剪和组合视频、添加字幕、设置特效和添加音频4个主要步骤。

🔧 操作指南

请按照以下步骤进行实训。

步骤1：启动Premiere Pro 2020，新建项目"小猫帮忙"，然后新建序列，将其设置为竖屏模式（1080像素×1920像素）。

步骤2：导入视频素材（配套资源：\素材文件\项目五\cat_01.mp4、cat_02.mp4、cat_03.mp4、cat_04.mp4、cat_05.mp4），将所有原音删除，并调整为竖

屏模式。

步骤3：裁剪"cat_01.mp4"，保留小猫东张西望并跑掉的片段；裁剪"cat_02.mp4"，保留小猫在主人打字时爬上键盘的片段；裁剪"cat_03.mp4"，保留主人倒水、小猫撞倒水杯的片段；裁剪"cat_04.mp4"，保留主人铲猫砂、小猫撞过来的片段；裁剪"cat_05.mp4"，保留猫砂的固定镜头且不断放大的片段。

步骤4：将时间线定位到"cat_01.mp4"视频素材的最后一帧（可利用键盘上的方向键微调），按【Ctrl+Shift+E】组合键，在打开的对话框中将名称修改为"cat_01"，并单击勾选"导入项目中"复选框。将"cat_01.bmp"图片素材导入时间轴面板，将持续时间设置为"00:00:00:30"。

步骤5：将后4个视频素材向后面移动，将"cat_01.bmp"图片素材拖动到第1个视频素材右侧，然后将第2个视频素材拖动到图片素材右侧，将三者连接在一起。

步骤6：按相同方法截取其他4个视频素材最后一帧的画面，将其添加到对应视频素材的后面，并将最后一个视频素材对应的图片素材的持续时间设置为"00:00:01:00"，其他3个图片素材的持续时间设置为"00:00:00:30"。

步骤7：为视频素材添加普通字幕，具体内容可以参考最终效果文件。

步骤8：将时间线定位到"cat_02.bmp"图片素材的开始位置，在源面板中单击"缩放"选项左侧的"切换动画"按钮，将时间线定位到"cat_02.bmp"图片素材的中间位置，将"缩放"比例设置为"150"，逐渐放大图片素材。

步骤9：用相同方法为"cat_03.bmp""cat_04.bmp""cat_05.bmp"图片素材设置相同的缩放效果。

步骤10：选择最后一个图片素材，在"效果"面板中依次展开【Lumetri预设】/【单色】滤镜，应用"黑白淡化胶片50"滤镜效果，然后为该图片素材设置从中间位置到结尾位置从0到-7.0的曝光动画。

步骤11：导入所有的音频素材（配套资源：\素材文件\项目五\音效01.wav、音效02.wav、音效03.wav），将"音效01.wav"拖动到A1音频轨道上，并多次复制，使其能够在整个短视频播放时同时播放。

步骤12：将"音效02.wav"音频素材拖动到A2轨道上，右端与"cat_02.bmp"图片素材的右端对齐，复制两次"音效02.wav"，位置分别与"cat_03.bmp"和"cat_04.bmp"图片素材的右端对齐。

步骤13：将"音效03.wav"音频素材拖动A2轨道上，左端与"cat_05.bmp"图片素材的左端对齐。

步骤14：导出短视频（配套资源：\效果文件\项目五\小猫帮忙.avi）。

💬 实训评价

完成实训操作后，提交实训报告。老师根据实训报告内容，按表5-2所示内容进行打分。

表5-2　实训评价

序号	评分内容	总分	老师打分	老师点评
1	正常操作Premiere的能力	20		
2	正确裁剪和组合短视频的能力	30		
3	处理短视频中的各种音频的能力	20		
4	主动为短视频添加片头和片尾的能力	20		
5	独立完成短视频剪辑工作的能力	10		

合计：＿＿＿＿＿＿＿＿＿

👤 实训二　剪辑电商短视频《吹风机》

📋 实训描述

剪映App支持直接与抖音App进行资源共享，完美契合短视频运营的全部流程。本次实训要求同学们使用剪映App剪辑一个电商短视频，进一步熟悉剪映App的相关操作。

🔧 操作指南

请按照以下的步骤进行实训。

步骤1：打开剪映App，将画布设置为9∶16，按顺序导入视频素材（配套资源：\素材文件\项目五\吹风机_01～吹风机_07.mp4）。

步骤2：将横屏的视频画面全部调整成竖屏模式，关闭所有视频素材的原音，然后分割各个视频素材，将多余的部分删除。

步骤3：在时间轴面板中点击"吹风机_01.mp4"视频素材，在下方的工具栏中依次点击"变速"按钮和"常规变速"按钮，在选项栏中拖动滑块至"1.5×"的位置，依次将其他视频素材的播放速度设置为1.5倍。

步骤4：选择任意一个视频素材，为其应用"美食"类型下的"气泡水"滤镜，并调整滤镜的使用程度，然后将该滤镜应用到所有视频素材中。

步骤5：导入音频素材（配套资源：\素材文件\项目五\吹风机_解说.mp3），根据音频的内容进行分割，然后将音频素材放置到对应的视频素材位置。

步骤6：点击"吹风机_01.mp4"视频素材下面的音频素材，点击"变速"按钮，在显示的选项栏中拖动滑块至"1.5×"的位置，按相同方法将其他两段音频素材的速度设置为1.5倍。

步骤7：在工具栏中依次点击"文本"按钮和"识别字幕"按钮，在打开的界面中点击"开始识别"按钮。

步骤8：点击自动识别出的第1个字幕，点击"样式"按钮，将字体设置为"新青年体，白底红边"，并将其他字幕都设置为相同的样式，并调整字幕的位置和大小。

步骤9：为"吹风机_05.mp4""吹风机_06.mp4""吹风机_07.mp4"视频素材新建同样样式的字幕，并为"吹风机_01.mp4"视频素材添加一个贴纸。

步骤10：按相同方法为其他视频素材添加合适的贴纸，并调整贴纸在画面中的大小、位置和角度，以及在时间轴上的位置和时长。

步骤11：为短视频添加一个有吹风机画面的视频帧封面、一个请求关注的短视频片尾。

该视频最终效果示例如图5-107所示。

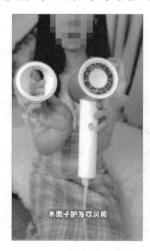

图5-107　电商短视频《吹风机》最终效果示例

实训评价

完成实训操作后，提交实训报告。老师根据实训报告内容，按表5-3所示内容进行打分。

表5-3　实训评价

序号	评分内容	总分	老师打分	老师点评
1	了解视频剪辑类App	10		
2	利用剪映App剪辑一个完整的短视频的能力	30		
3	快速为短视频添加音效的能力	10		
4	主动为短视频添加封面和片尾的能力	20		
5	在短视频中设置各种特效的能力	30		

合计：＿＿＿＿＿＿＿＿

项目总结

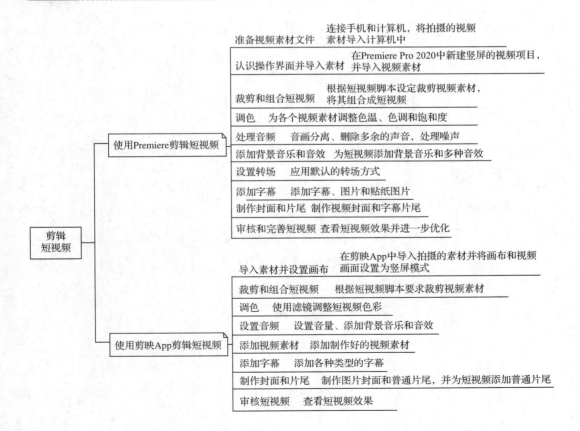

项目六
发布和推广短视频

客户对剪辑优化后的短视频很满意，老李让小艾进行下一步的工作——在抖音中发布短视频，并进行推广引流，尽快增加账号的粉丝数量。于是，小艾在老李的指导下，首先优化了短视频标题，并创作了吸引力较强的文案，然后应用了添加话题标签和@朋友等技巧发布了短视频，最后还在抖音和微信、微博等新媒体平台对发布的短视频进行了推广营销。

学习目标

知识目标

1. 了解短视频的标题和文案。
2. 熟悉发布短视频的方法。
3. 熟悉短视频平台的引流推广。

技能目标

1. 掌握短视频的多种发布技巧。
2. 能够多平台发布短视频。
3. 能够利用多种渠道向用户推广短视频。

素养目标

1. 树立积极正面的营销意识和行业竞争观。
2. 遵守法律法规，远离低俗标题和文案，传播正能量。

任务一　优化短视频的标题及文案

任务描述

老李告诉小艾，标题和文案可以为短视频起到锦上添花的作用，有助于提升短视频的热度。所以，在发布短视频之前，小艾需要优化短视频的标题和文案，以吸引用户注意力，激发用户观看短视频的兴趣。

任务实施

活动一　撰写有吸引力的标题

标题能够直接影响短视频作品的点击量，而且，在推广短视频的过程中，大多数短视频平台也很重视标题的作用。所以，小艾首先需要为短视频撰写一个吸引力较强的标题。

第一步　了解短视频标题的撰写原则

在小艾看来，撰写短视频标题的重要原则是真实，短视频的标题与内容应当有关联，不能使用夸张的标题来吸引用户注意力，以达到增加点击量或提高知名度的目的，否则容易引起用户的反感。此外，小艾在撰写标题时，应该遵循以下基本原则。

- **寻找用户需求**。撰写标题要从用户的角度出发，明确用户需求。这就需要多多收集短视频用户经常关注的话题，并提炼与这些话题密切相关的词汇，如"冬季养生6个步骤"等。

- **原创与流行结合**。短视频的标题不仅要原创，还要具有一定的实时性，可以与目前较为流行的词语结合。

- **不重复**。不重复是指不要与其他短视频的标题完全一致。因为一旦重复，短视频平台通常会优先推荐粉丝数量更多的短视频账号所发布的短视频。

- **给予用户好处**。从用户需求出发可以引起用户的关注，但要让用户真正观看或关注短视频，还可以给予用户一定的好处，如"原价298元的四人餐正宗老火锅现只需168元"，如图6-1所示。

- **激发用户好奇心**。好奇心是用户观看短视频的主要驱动力之一，当用户的好奇心受到激发，用户就会去探寻问题的答案。例如，标题"外地人来四川后才知道的十件事"，会让很多对该问题产生兴趣的用户继续观看短视频来寻找答案，如图6-2所示。

图6-1 给予用户好处的标题

图6-2 激发用户好奇心的标题

第二步 选择标题样式

小艾选择将短视频的标题样式设置为系列剧的形式，因为若用户被系列中某一条短视频吸引，自然会观看该系列中的其他短视频。另外，她还尝试利用用户的好奇心来增加短视频的播放量。

知识窗

短视频标题样式也非常重要，引人关注的短视频标题样式有助于增加短视频的点赞量和评论数。下面介绍8种高播放量的短视频标题样式。

- **借力**。借力是指利用别的资源或平台，例如，政府、专业人士、社会潮流、新闻媒体或其他新媒体平台对短视频进行推广，从而快速提高该短视频的播放量。

- **借势**。借势主要是借助最新的热门事件和新闻，并以此为标题的创作源头。图6-3所示为借势新年而发布的一个活动推广短视频。

- **提出疑问**。利用用户的好奇心理，将短视频的标题变成一个简单的疑问句，能增强用户的点击欲，从而提高短视频的播放量。

- **符号**。在短视频标题中，数字、标点和运算符号的使用除了能将短视频内容更直观地呈现在用户眼前，还能让标题看起来更加精确、简洁。

- **名人效应**。一些用户有名人情结，当看到一些与短视频达人、各领域专业人士等相关的消息出现在短视频标题中时，用户会点击观看。

- **新鲜事物**。用户通常容易对新鲜事物产生兴趣，把握这个特征来创作短视频标题就容易获得更高的关注度和更多的播放量。

- **揭露秘密**。人类的求知本能让用户喜欢探索未知的秘密，因此使用"揭秘""探秘"等词语的短视频标题往往更能引起用户的关注，如图6-4所示。

- **系列作品**。将短视频做成系列作品可以持续地带来用户流量，例如，在标题中加入"第×集"等字样，如图6-5所示。

图6-3 借势标题　　　　图6-4 揭露秘密标题　　　图6-5 系列作品标题

 知识窗

第三步 撰写和修改标题

根据标题的撰写原则和系列剧的形式，小艾将短视频的标题修改为"好吃嘴艾笨笨与猫粮（一）"，具体操作如下。

步骤1：打开剪映App，在主界面中点击被剪辑的短视频，如图6-6所示。

步骤2：进入操作界面，在时间轴面板的视频素材左侧，点击"设置封面"按钮。

步骤3：进入封面设置界面，在预览面板中点击标题文本框，再点击文本框右上角的"编辑"按钮，在打开的文本输入界面的文本框中重新输入"好吃嘴艾笨笨与猫粮"，然后换行输入"（一）"，点击"确定"按钮，然后再点击"保存"按钮，如图6-7所示，完成标题的修改操作。

图6-6　选择短视频

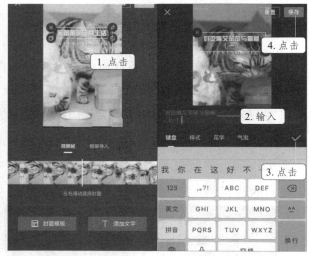

图6-7　修改标题

👤 活动二　创作触动心灵的文案

短视频的文案通常位于短视频播放界面的左下侧、短视频账号下方，其功能是向用户传达短视频创作者的思想和意图，带动用户的情绪，吸引用户的关注。所以，老李要求小艾为短视频撰写一句或两句简短的文案来增加短视频的吸引力。

第一步 **确定文案的基本形式**

短视频文案的创作形式与其他类型文案的创作形式基本类似。小艾根据短视频账号的用户定位和内容定位，将文案的基本形式设置为"叙述"或"悬念"。

 知识窗

短视频文案创作的基本形式主要包括以下几种。

- **叙述**。叙述是指将短视频的内容和主题用平铺直叙的方式表述出来，大多数短视频采用这种文案形式，如图6-8所示。

- **互动**。互动是以疑问或反问的形式来增加与用户的互动。这种文案创作形式往往能够激起用户强烈的好奇心，其引导效果比感叹句更好。例如，"你真的想买×××？""20万元该选什么车？""难道不是十月的九寨沟更美？"等。

- **悬念**。悬念形式是用抽象和晦涩的文字或者直接以悬念故事开头来创作文案，从而吸引用户观看整个短视频。例如，"一定要看到最后"等，如图6-9所示。

- **段子**。"段子"本是相声中的一个艺术术语，是指相声作品中一节或一段艺术内容。现在的段子指带有某种特殊意味或内涵的一段话、一段短文等，如图6-10所示。

图6-8　叙述形式的文案　　　图6-9　悬念形式的文案　　　图6-10　段子形式的文案

- **正能量**。正能量是指文案内容多为励志、真善美等类型，用户更愿意播放和分享这种形式的短视频。例如，"受人滴水之恩，当涌泉相报！""我能成为更好的自己！"等。

第二步 找到文案的切入点

确定了文案的基本形式后，小艾搜索了很多相同类型的短视频，并对文案信息进行了筛选、整理和加工，最终确定以"食欲""冲突""好奇""观点"为文案的切入点。

知识窗

文案的切入点就是容易被用户关注的要点，创作的短视频文案可以尽量多满足这些要点，以增加获得用户关注的可能性。

- **信息**。信息包括有用的资讯、知识和技巧等。
- **观点**。观点包括观点评论、人生哲理、科学真知和生活感悟等。
- **共鸣**。共鸣包括价值共鸣、观念共鸣、经历共鸣、审美共鸣和身份共鸣等。
- **冲突**。冲突包括角色身份冲突、常识认知冲突、剧情反转冲突和价值观念冲突等。
- **利益**。利益包括个人利益、群体利益、地域利益和国家利益等。
- **欲望**。欲望包括收藏欲、分享欲等。
- **好奇**。好奇包括为什么、怎么做、在哪里等。
- **幻想**。幻想包括爱情幻想和生活憧憬等。
- **感官**。感官包括听觉刺激和视觉刺激等。

第三步 撰写文案

最后，小艾根据确定的基本形式和切入点，撰写了短视频的文案"好吃又不听'老婆'的话，结果……"。

素养提升小课堂

在创作短视频标题和文案时，短视频创作者应该融入爱国、敬业、友善等社会主义核心价值观的内容，远离低俗标题和文案，传播正能量，并树立积极正面的营销意识和行业竞争观，为标题和文案写作提供方向与动力。

任务二 发布短视频

任务描述

小艾准备将短视频发布到抖音App中，可是看到发布界面有很多选项，于是向老李求助。老李告诉小艾，发布短视频时，可以通过选择发布时间，添加话题标签、地理位置和@朋友等方式来推广短视频，并要求小艾进行设置后再发布短视频。

任务实施

活动一　选择发布时间

发布时间是影响短视频发布效果的一个重要因素，即使是同一部作品，如果在不同的时间段发布，其获得的发布效果都可能会有很大的不同。根据对短视频账号的用户进行定位，小艾发现目标用户在18点到20点和21点到23点这两个时间段比较活跃，所以，她选择的短视频发布时间在18点左右。

> **知识窗**
>
> 图6-11所示为2021年3月抖音和快手用户全天分时间段活跃度的对比情况。根据图中的数据并结合实际情况，短视频的发布时间可以归纳为4个黄金时间段。

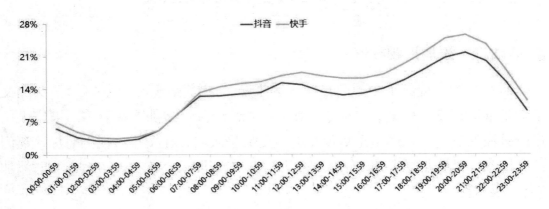

图6-11　2021年3月抖音和快手用户全天分时间段活跃度的对比情况

- 6点—8点。这个时间段的短视频用户通常处于起床、吃早饭、上班或上学的状态，发布美食、健身、新闻或正能量类型的短视频容易获得用户关注。

- 12点—14点。这个时间段的短视频用户通常处于吃午饭或休息的状态，很多人会选择浏览自己感兴趣的短视频。这个时间段适合发布剧情、搞笑等类型的短视频，让用户在工作或学习之余放松身心。

- 18点—20点。这个时间段的短视频用户通常处于下班、放学、吃晚饭或休息的状态，大部分用户通过观看短视频来打发时间。这个时间段适合发布所有类型的短视频，特别是生活和旅游等类型的短视频。

- 21点—23点。这个时间段的短视频用户通常处于晚上睡觉前的休息状态，也是短视频用户较活跃的时间段。这个时间段同样适合发布任意类型的短视频，特别是情感、美食和剧情等类型的短视频。

✎ 经验之谈

在发布短视频时，短视频创作者往往还要考虑发布速度，以确保短视频能够及时、成功地发布。因为，发布速度通常会影响短视频作品输出的效果，例如，发布一个商品打折推广的短视频，该商品可能会被多个创作者同时推广，如果发布速度落后，可能用户看到该作品时活动就已经结束了，这样用户会对该创作者产生不信任感，影响其对该创作者其他短视频作品的关注程度。

活动二　添加话题标签

话题是指短视频平台中的热门内容主题，通常情况下，以"#"开头的文字就是话题标签，例如，"#美食制作""#搞笑""#挑战赛"等。被广大用户所关注的热门话题通常是短视频的重要流量入口，在发布短视频时加入热门话题标签容易获得更多用户的关注。所以，老李要求小艾在发布短视频时添加3个话题标签。

第一步 **查找热门话题标签**

老李告诉小艾，在抖音App中可以通过搜索的方式找到热门话题标签，并可以根据各个话题的热门程度进行选择，具体操作如下。

步骤1：在抖音App主界面中点击"搜索"按钮，进入搜索界面。

步骤2：在文本框中输入短视频的主题内容或内容的关键字，这里输入"猫粮"，点击"搜索"按钮，如图6-12所示。

步骤3：在打开的界面中将显示所有与猫粮相关的短视频内容，点击"话题"选项卡，就会展示所有与猫粮相关的话题标签，并显示对应的短视频播放次数。播放次数越多，表示其话题的热门程度越高。在图6-13中可以看到与猫粮相关的话题中，"#猫粮"话题标签更热门。

图6-12　搜索话题

图6-13　热门话题标签

第二步 **确定话题标签**

小艾用同样的方法搜索了"萌宠""宠物""剧情""搞笑"等话题，发现"#萌宠"和"#搞笑"话题标签更热门，再考虑短视频账号的定位，确定了"#萌宠"和"#猫粮"作为短视频的话题标签。另外，通常在抖音App中发布短视频时，平台会自动推荐当前热门的话题标签，所以小艾决定在发布短视频时再选择一个平台推荐的话题标签以满足老李的要求。

第三步 为短视频添加话题标签

在确定了话题标签后，小艾需要将剪映App中的短视频发布到抖音App中，并为其添加话题标签，具体操作如下。

步骤1：启动剪映App，在主界面中点击被剪辑的短视频。

步骤2：进入操作界面，点击"导出"按钮，开始导出剪辑完成的短视频，并显示进度。导出完成后，视频文件即保存到剪辑草稿和手机的相册中（配套资源：\效果文件\项目六\好吃嘴艾笨笨与猫粮（一）.mp4），在"分享视频到"栏中点击"抖音"按钮，如图6-14所示。

图6-14 导出短视频

步骤3：手机自动启动抖音App，进入短视频的播放界面，并自动播放导出的短视频，点击"下一步"按钮，如图6-15所示。

步骤4：进入短视频发布界面，在"添加作品描述"栏的下方可以看到平台推荐的话题标签，这里点击"#抖音好物年货节"话题标签，"#抖音好物年货节"话题标签即显示在"添加作品描述"栏中，作为发布短视频的话题标签，在其右侧输入"#萌宠#猫粮"，如图6-16所示，点击"完成"按钮，完成短视频话题标签的添加操作。

图6-15　分享短视频到抖音　　　　图6-16　添加话题标签

活动三　添加地理位置

添加地理位置后，短视频的发布地点或者指定地址将展现在短视频账号名称的上方。添加地理位置后，观看该短视频的用户通常会产生一种身份认同感，甚至是线下偶遇的期待。小艾紧接着就将客户公司的地理位置添加到短视频中，具体操作如下。

步骤1：在抖音App的短视频发布界面中，选择"你在哪里"选项。

步骤2：打开"添加位置"界面，在搜索文本框中输入客户公司的地理位置，下方将显示具体的定位，点击该定位，如图6-17所示。

步骤3：返回短视频发布界面，"你在哪里"选项处将显示添加的地理位置，如图6-18所示。

经验之谈

剧情或搞笑类型的短视频也可以添加地理位置，例如，某剧情类短视频中添加了附近一个非常有名的旅游风景区的地理位置，由于关注该风景区的用户很多，所以该短视频的播放量也获得了一定程度的增加。另外，涉及电商或推广类的短视频通常也会添加地理位置，例如，某美食类短视频中添加了短视频中介绍的美食的店铺地址，由于地址定位本身就是一种引导用户的商业广告推广方式，所以，在一定程度上提高了短视频的关注度。

图6-17　搜索定位

图6-18　显示地理位置

活动四　添加@朋友

微课视频

添加@朋友

@是指通过@短视频账号名称的方式，提醒用户关注某内容。在发布短视频时，采用@朋友或@官方账号的方式可以增加短视频作品的播放量。小艾从自己的抖音好友和关注的短视频达人中各选了一个，以提醒其观看，具体操作如下。

步骤1：在抖音App的短视频发布界面中，点击"@朋友"按钮。

步骤2：下方将展示好友列表，选择抖音好友对应的选项，如图6-19所示。

步骤3：继续点击"@朋友"按钮，在列表中选择关注的短视频达人对应的选项。

步骤4：在"添加作品描述"栏中，添加的话题标签后将显示添加后的效果，如图6-20所示，点击"完成"按钮，完成@朋友的操作。

 **知识窗**

通常@朋友的对象都是自己关注的某个短视频达人，因为有可能该达人在收到提示后会观看该短视频，甚至可能进行转发或关注，从而使该短视频获得更多

用户的关注。

另外，添加@朋友需要注意两点。

- **相关性**。选择的好友或达人账号与短视频内容要有一定的关联。
- **热度**。选择的好友或达人要具备较多的粉丝，从而吸引好友或达人的粉丝来关注自己的作品或账号。

图6-19　添加@好友

图6-20　添加后的效果

活动五　正式发布

在进行了以上操作后，小艾就需要输入前面创作的文案，然后在选择的发布时间范围内，在抖音App中发布剪辑好的短视频，具体操作如下。

微课视频

正式发布

步骤1：在"添加作品描述"栏中，添加的话题标签前面输入创作的文案"好吃又不听'老婆'的话，结果……"，点击"完成"按钮，如图6-21所示。

步骤2：返回短视频发布界面，检查无误后，点击下方的"发布"按钮，发布完成后将直接播放该短视频，如图6-22所示，完成发布短视频的操作。

图6-21　输入文案

图6-22　发布完成的短视频作品

动手做

将《图书馆》短视频发布到抖音App中

将前面拍摄的《图书馆》视频素材使用剪映App剪辑后，再把短视频作品发布到抖音App中，要求如下。

1. 撰写本校图书馆的简介作为文案。

2. 添加与"图书馆""学校""校园"相关的热门话题标签。

3. 添加学校的地理位置和学校名称。

4. 添加@朋友。

经验之谈

在短视频的发布界面中选择"公开·所有人可见"选项或"高级设置"选项，打开对应的面板，在其中进行短视频推荐、发布清晰度和谁可以转发等其他相关发布设置，如图6-23所示。

图6-23　短视频其他发布设置

任务三　推广短视频

任务描述

小艾将短视频发布到抖音App后，老李交给小艾短视频运营的最后一项任务，就是利用短视频及新媒体平台等多种渠道，向用户推广短视频，增加该短视频的曝光度，从而获取更多的用户流量和关注，以实现短视频运营的最终目标。

任务实施

活动一　利用短视频平台的免费渠道推广

老李告诉小艾，短视频平台中常用的免费推广渠道主要有私信引流和参与挑战赛两种方式，于是小艾试着利用免费渠道推广短视频。

微课视频

私信引流

第一步　私信引流

私信引流是指到定位相似的短视频账号中选择需求较强的用户，给对方发私信，然后引导对方关注自己的账号，具体操作如图6-24所示。

图6-24　搜寻目标用户并发送私信

步骤1：在短视频平台中搜索宠物类的短视频，选择其中一个播放，然后点击"评论"按钮。

步骤2：展开评论面板，找到一个点赞较多的评论，点击其账号头像。

步骤3：进入该账号的主页，点击"其他"按钮，在展开的面板中点击"发私信"按钮。

步骤4：进入聊天界面，在文本框中输入内容，点击"发送"按钮向对方发送私信。

步骤5：对方回复信息后，即可引导对方关注自己的短视频账号，或者向对方推荐商品，实现私信引流的推广操作。

第二步 参与挑战赛

微课视频

参与挑战赛

很多短视频平台有挑战项目，例如，抖音App中的"抖音小助手"账号通常会定期推送参与热门挑战赛的短视频。参与热门挑战赛的短视频有可能获得较高的点击率，进而增加短视频账号和其他短视频作品的曝光量。在抖音App中参与挑战赛的具体操作如图6-25所示。

步骤1：在抖音App中点击"搜索"按钮，进入搜索界面，滑动到界面底部，选择"查看完整热点榜"选项。

步骤2：进入"抖音热榜"界面，点击"挑战榜"选项卡，选择第一个选项。

步骤3：进入该挑战赛的展示界面，点击"拍同款"按钮。

图6-25 参与挑战赛

步骤4：根据挑战赛内容拍摄和剪辑类似的短视频，并发布到抖音App中即可。

👤 活动二　利用短视频平台的付费渠道推广

抖音官方推出的"DOU+"就是一项帮助创作者获取更多流量和曝光量的付费推广服务。"DOU+"的推广服务可以增加短视频作品在"推荐"模式下被用户看到的概率。下面小艾利用"DOU+"服务推广短视频，具体操作如下。

微课视频

利用短视频平台的
付费渠道推广

步骤1：在抖音App主界面中点击"我"按钮，在打开的账号主页中点击选择需要推广的宠物短视频作品。

步骤2：进入该短视频的播放界面，点击右下角的"其他"按钮，展开"私信给朋友"面板，点击"上热门"按钮。打开"DOU+"速推版界面，首先选择智能推荐的人数，此处选择"1500人+"，然后选择"粉丝量"选项，然后点击"拼手气支付"按钮，如图6-26所示，完成推广费用的支付。

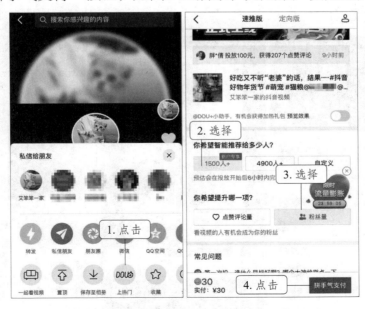

图6-26　利用"DOU+"服务推广短视频

✎ **经验之谈**

短视频内容通过抖音平台审核的标准才能够获得"DOU+"推广服务资格，该标准主要包括社区内容规范、版权法律风险、未成年相关和具体规范等。

👤 活动三　利用微信朋友圈推广

老李告诉小艾，还可以利用微信朋友圈推广短视频。于是小艾决定将短视频作品分享到微信朋友圈，吸引朋友们的关注和转发，具体操作如图6-27所示。

微课视频

利用微信朋友圈推广

步骤1：在抖音App主界面中点击"我"按钮，在打开的账号主页中点击选择需要推广的宠物短视频作品。

步骤2：进入该短视频的播放界面，点击右下角的"其他"按钮，展开"私信给朋友"面板，点击"朋友圈"按钮。

步骤3：在打开的面板中点击"发送视频到朋友圈"按钮。

步骤4：启动微信App，进入编辑界面，然后预览短视频，点击"完成"按钮。

步骤5：进入发布朋友圈的界面，在文本框中输入"喜欢宠物，有猫粮需求的小伙伴可以关注哟！"，然后点击右上角的"发表"按钮，将该短视频发布到微信朋友圈中。

图6-27　在微信朋友圈中推广短视频

知识窗

　　微信是目前主流的新媒体平台之一，除微信朋友圈以外，在微信中还有其他短视频推广渠道，如微信公众号和微信群。

- **微信公众号**。微信公众号主要包括订阅号、服务号、企业微信和小程序4种类型，短视频创作者可以考虑申请服务号或订阅号来推广短视频。

- **微信群**。通过微信群推广短视频已经成为一种非常有效的短视频推广形式。短视频新手可以在一些微信群中定期发布和分享自己的短视频作品，增强账号的存在感和提高曝光率，慢慢引导微信群中其他成员关注。

知识窗

活动四　利用微博推广

　　微博是目前主流的新媒体平台之一，具有较多的用户数。因此，老李要求小艾利用微博推广短视频，具体操作如图6-28所示。

微课视频

利用微博推广

图6-28　在微博中推广短视频

　　步骤1：在抖音App主界面中点击"我"按钮，在打开的账号主页中点击选择需要推广的宠物短视频作品。

　　步骤2：进入该短视频的播放界面，点击右下角的"其他"按钮，展开

"私信给朋友"面板，点击"微博"按钮。

步骤3：在打开的面板中点击"发送视频到微博"按钮。

步骤4：打开微博App，在主界面的右上角点击"添加"按钮，在打开的列表中选择"视频"选项。

步骤5：在打开的界面中点击需要推广的短视频，打开短视频的预览界面，点击右上角的"下一步"按钮。

步骤6：进入发布微博的界面，在文本框中输入"我家笨笨的最爱"，点击"发送"按钮，将该短视频发布到微博中。

动手做

推广《图书馆》短视频

请同学们从下列选项中选择一种方式来推广《图书馆》短视频。

1. 参加一项抖音App中的挑战赛。

2. 将《图书馆》短视频发布到微信朋友圈中。

3. 将《图书馆》短视频发布到微博中。

同步实训

实训一 将Premiere制作的短视频发布到抖音App中

实训描述

本次实训要求同学们利用Premiere导出短视频，然后将短视频传输到手机相册中，并将这个短视频发布到抖音App中。

操作指南

请按照以下步骤进行实训。

步骤1：启动Premiere Pro 2020，打开"艾笨笨的日常生活.prproj"文件（配套资源：\素材文件\项目六\艾笨笨的日常生活.prproj），选择【文件】/【导出】/【媒体】命令。

步骤2：打开"导出设置"对话框，在右侧窗格"导出设置"栏的"格式"下拉列表框中选择"H.264"选项，单击输出名称后的"序列01.mp4"超链接，打开"另存为"对话框，设置短视频的保存位置后在"文件名"文本框中输入"艾笨笨的日常生活",然后单击"保存"按钮,如图6-29所示。返回"导出设置"对话框,单击"导出"按钮(配套资源:\效果文件\项目六\艾笨笨的日常生活.mp4)。

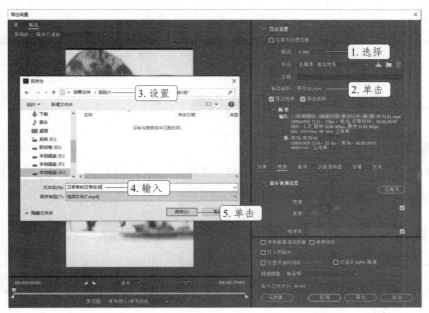

图6-29 导出短视频

步骤3:连接手机和计算机,将导出的"艾笨笨的日常生活.mp4"传输到手机相册中。

步骤4:打开抖音App主界面,点击"拍摄"按钮,然后选择手机相册中的短视频,进入预览界面,点击"下一步"按钮。

步骤5:进入发布界面,输入文案、添加话题标签、添加@朋友、添加地理位置,最后点击"发布"按钮,将短视频发布到抖音App中。

💬 实训评价

完成实训操作后,提交实训报告。老师根据实训报告内容,按表6-1所示内容进行打分。

表6-1 实训评价

序号	评分内容	总分	老师打分	老师点评
1	在Premiere中导出短视频的能力	20		
2	使用其他视频剪辑软件导出短视频的能力	20		

续表

序号	评分内容	总分	老师打分	老师点评
3	将计算机中的视频传输到手机中的能力	10		
4	使用抖音App发布短视频的能力	30		
5	在其他短视频平台中发布短视频的能力	20		

合计：_____

👤 实训二　利用新媒体平台推广短视频

📋 实训描述

利用新媒体平台推广"艾笨笨的日常生活.mp4"这个短视频。本次实训要求同学们利用微信朋友圈和微博推广短视频。

🔧 操作指南

请按照以下步骤进行实训。

步骤1：打开微信App，在界面下方选择"发现"选项，进入"发现"界面，选择"朋友圈"选项。

步骤2：进入微信朋友圈界面，点击右上角的"拍摄"按钮，在打开的面板中选择"从相册选择"选项。

步骤3：在手机相册中选择"艾笨笨的日常生活.mp4"视频，点击"完成"按钮，进入预览界面，点击"完成"按钮，进入发布界面，输入文案后将短视频发布到微信朋友圈中。

步骤4：打开微博App，在主界面的右上角点击"添加"按钮，在打开的列表中选择"写微博"选项。

步骤5：进入"发微博"界面，点击左下角的"视频"按钮，在手机相册中选择"艾笨笨的日常生活.mp4"视频，将其添加到微博中，然后输入文案。

步骤6：点击"添加位置"按钮，设置地理位置，选择"添加信息，获得更多流量"选项，在展开的列表中输入标题，然后将其发布到微博中。

💬 实训评价

完成实训操作后，提交实训报告。老师根据实训报告内容，按表6-2所示内容进行打分。

表6-2　实训评价

序号	评分内容	总分	老师打分	老师点评
1	了解短视频的常用推广渠道	20		
2	通过抖音App进行短视频推广的能力	30		
3	通过微信App进行短视频推广的能力	20		
4	通过微博App进行短视频推广的能力	20		
5	了解其他的短视频推广渠道	10		

合计：_____

项目总结

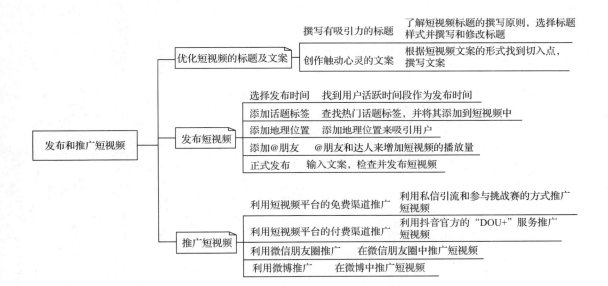